조선 왕이 납신다

조선 왕이 납신다
27명의 왕이 들려주는 조선의 역사

초판 1쇄 발행 2016년 2월 25일
초판 9쇄 발행 2025년 1월 2일

글 어린이역사연구회
그림 김규택
펴낸이 최순영

교양 학습 팀장 김솔미　**책임편집** 콘텐츠뱅크
키즈 디자인 팀장 이수현　**디자인** 하늘·민
윤문 서경석　**자료협조** 윤영선

펴낸곳 ㈜위즈덤하우스　**출판등록** 2000년 5월 23일 제13-1071호
주소 서울특별시 마포구 양화로 19 합정오피스빌딩 17층
전화 02) 2179-5600
홈페이지 www.wisdomhouse.co.kr　**전자우편** kids@wisdomhouse.co.kr

ⓒ 어린이역사연구회, 김규택 2016

ISBN 978-89-6247-679-8 74900
　　　 978-89-6247-681-1(세트)

· 이 책의 전부 또는 일부 내용을 재사용하려면 반드시 사전에 저작권자와
　㈜위즈덤하우스의 동의를 받아야 합니다.
· 인쇄·제작 및 유통상의 파본 도서는 구입하신 서점에서 바꿔드립니다.
· 책값은 뒤표지에 있습니다.

27명의 왕이 들려주는 ★ 조선의 역사

조선 왕이 납신다

어린이역사연구회 글 ● 김규택 그림

위즈덤하우스

《조선 왕이 납신다》를 선보이며

조선 왕의 일거수일투족은 새벽에 눈떠 잠자리에 들 때까지 그날 한 말, 만난 사람, 읽은 상소문, 공부한 책, 거둥한 곳, 먹은 음식, 아픈 곳, 치료한 약, 매화틀을 사용한 횟수 등 시시콜콜한 것까지 기록으로 남아 있다. 또 신하들과 사이가 좋았는지, 신하들을 휘어잡았는지, 신하들에게 꼼짝 못한 겁쟁이였는지도 빠짐없이 남아 있다. 물론 모범생인지, 말썽쟁이인지, 깐깐한지, 호탕한지, 쪼잔한지, 우유부단한지도 숨김없이 우리에게 전해 준다.

이렇게 한 왕의 기록이 모여 한 시대가 되고, 조선 왕 27명이 다스린 시대가 모여 '장구한 518년 조선 역사'가 되었다. 우리는 생각했다. "조선을 다스린 왕 27명의 기록을 하나하나 살펴, 알짜배기만 쏙쏙 뽑아 엮어 보면 어떨까? 그 알짜배기를 왕이 들려준다면, 마치 할머니가 해 주는 옛이야기처럼 조선 역사가 재미나지 않을까."

첫 궁금증이 일었다. 우리가 아는 태조…세종…연산군…정조…고종은 이름일까? 왕보다 낮은 양반도 이순신, 이이처럼 이름이 있고, 노비까지도 개똥이, 언년이라고 불렸는데…. 태조부터 순종까지 조선 왕 27명의 기록을 보며 알게 되었다. 우리가 태조…세종…연산군…정조…고종이라고 부르는 호칭은 죽은 뒤에 업적에 따라 받는 '묘호'라는 것을. 그리고 여러분처럼 조선 왕 27명도 세종은 이도, 연산군은 이융, 정조는 이산…. 이렇게 모두 이름이 있다는 것을….

기록을 볼수록 궁금증이 깊어졌다. 왜 인종은 겨우 8개월밖에 왕 노릇을 못 하고, 영조는 52년 동안 왕위에 있었을까? 왜 세종은 왕이 되기 싫다고 울며불며 거절하고, 세조는 미치도록 왕이 되고 싶어 했을까? 왕이 되기 싫다고 뻗댄 세종은 어떻게 조선 최고의 성군이 되고, 가장 순조롭게 왕위에 오른 연산군은 왜 폭군이 되었을까? 선조는 무엇 때문에 겁쟁이라는 소리를 들었을까? 궁금증을 품고 공부를 시작한 지 3년여 만에 비로소《조선 왕이 납신다》를 여러분에게 선보인다.

우리는 이 책을 쓰면서 성군이든 폭군이든 겁쟁이이든, 조선의 왕은 최고 권력자이자 통치자로 조선 역사를 이끌어 간 주인공임을 알게 되었다. 그리고 조선 왕에 대한 올바른 이해 없이는 조선 역사를 이해하는 게 불가능하다는 걸 깨달았다. 또 좋든 싫든 조선을 다스린 왕 27명 모두 냉정하게 역사의 평가를 받는다는 사실도 다시 한 번 확인했다. 우리가 수많은 사건과 인물, 문화와 생활이 아닌 '왕'을 주인공으로 삼아《조선 왕이 납신다》를 쓴 이유이다.

이 글을 쓰는 순간, 27명 조선 왕과 함께한 지난 시간이 주마등처럼 눈앞을 스쳐 간다. 우리는 세종이 자신의 업적을 줄줄이 읊는 모습을 보며 뿌듯해 하다, 나어린 단종이 힘센 삼촌에게 쫓겨나는 모습에 가슴 아파하다, 조선에서 자신이 제일 똑똑하다고 자화자찬하는 정조를 보며 웃다, 순종 때 일제의 식민지가 되는 것을 보며 분노했다.

1대 태조부터 27대 순종까지 조선 역사가 파노라마처럼 펼쳐지는《조선 왕이 납신다》를 보며, 여러분도 그 희로애락을 고스란히 느낄 수 있기를 바래 본다. 그리고 조선 역사에 성큼 다가갈 수 있기를 고대한다. 조금 더 귀 기울이면, 왕들이 숨기고 싶어 한 비밀까지 들을 수 있는 행운을 누릴지도 모른다. 이제 조선 왕 27명이 저마다 풀어놓는 이야기 마디마디를 들으러 함께 떠나 보자.

2016년 정월에 어린이역사연구회

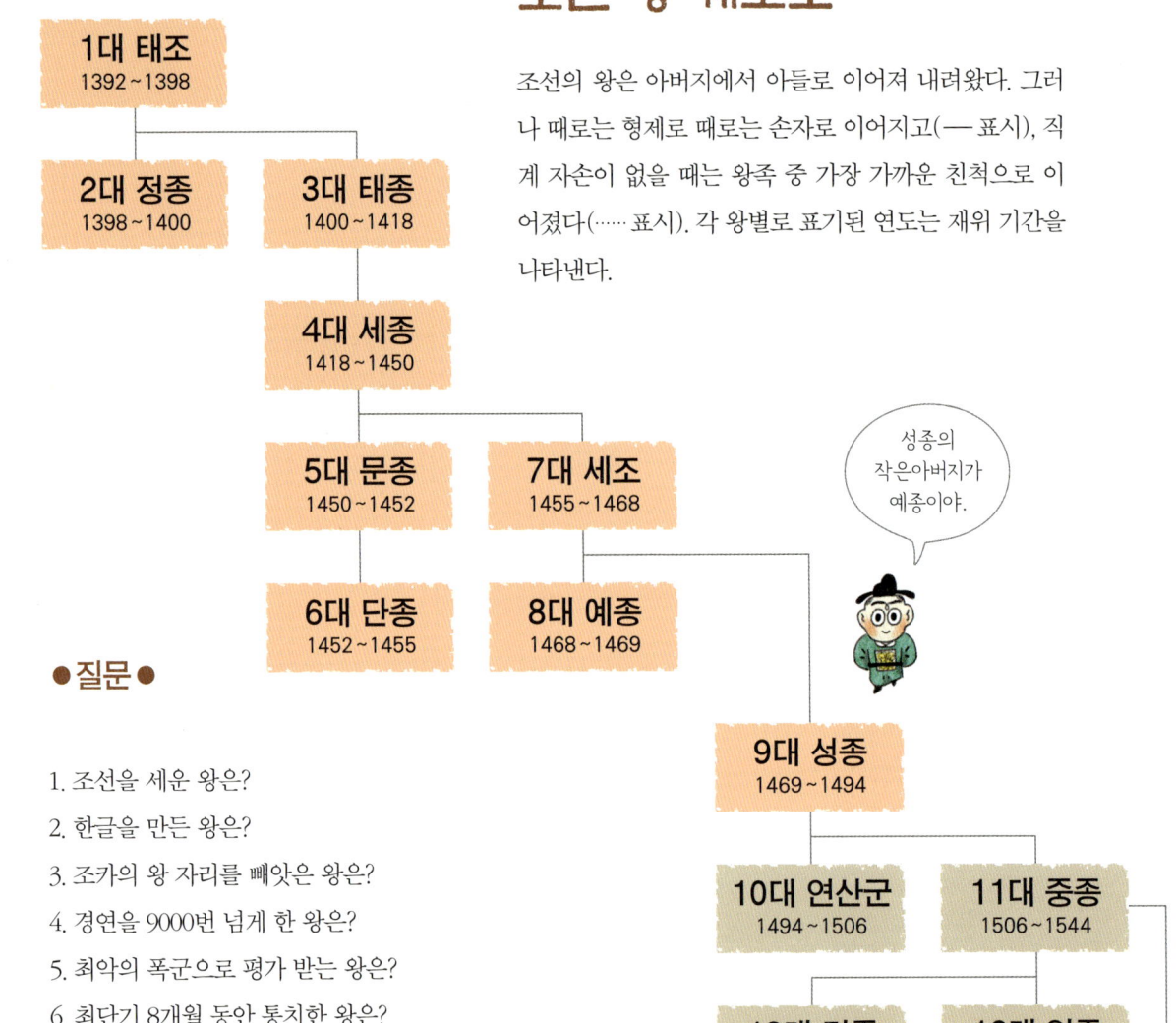

조선 왕 계보도

조선의 왕은 아버지에서 아들로 이어져 내려왔다. 그러나 때로는 형제로 때로는 손자로 이어지고(— 표시), 직계 자손이 없을 때는 왕족 중 가장 가까운 친척으로 이어졌다(…… 표시). 각 왕별로 표기된 연도는 재위 기간을 나타낸다.

● 질문 ●

1. 조선을 세운 왕은?
2. 한글을 만든 왕은?
3. 조카의 왕 자리를 빼앗은 왕은?
4. 경연을 9000번 넘게 한 왕은?
5. 최악의 폭군으로 평가 받는 왕은?
6. 최단기 8개월 동안 통치한 왕은?
7. 임진왜란을 겪은 왕은?
8. 외교의 달인으로 평가 받는 왕은?
9. 조선 문화의 황금기를 연 왕은?
10. 8세에 즉위한 왕은?
11. 국호를 조선에서 대한 제국으로 바꾼 왕은?
12. 나라의 문을 닫은 왕은?
13. 자식을 29명 둔 왕은?
14. 후궁을 두지 않은 유일한 왕은?
15. 가장 오래 살며 가장 오랜 기간 통치한 왕은?

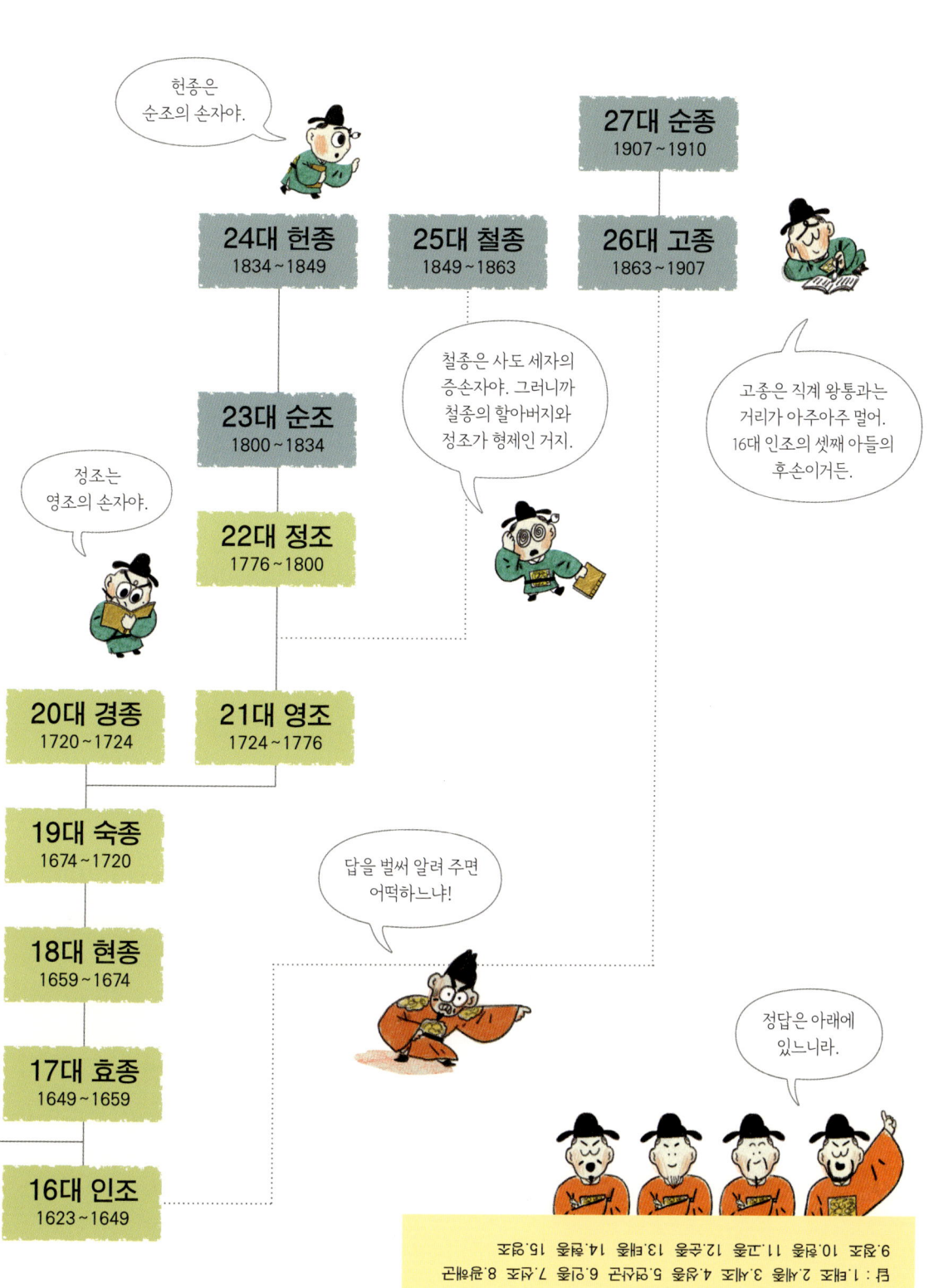

《조선왕조실록》 어떻게 만들었나

《조선왕조실록》은 태조에서 철종에 이르는 25대, 472년, 17만 2천여 일의 역사를 기록한 조선 왕조 공식 기록물이다. 단일 역사서로는 세계 최대 규모인 《조선왕조실록》은 특정한 시기에 특정한 사람들이 쓴 역사서가 아니다. 왕이 교체될 때마다 새로 왕위를 물려받은 왕이 전왕의 실록을 편찬하고, 이것들이 쌓여 이루어진 것이다. 왕의 실록은 그의 사후에 이루어지는 것으로 공정하게 기록하기 위해 여러 가지 복잡한 과정을 거친다.

1. 실록청 설치
왕이 승하하고 실록 편찬이 결정되면 임시로 실록청을 설치한다. 영의정이나 좌의정, 우의정을 감독관으로, 학문과 문장이 뛰어난 사람들을 집필자로 임명한다.

2. 각종 자료의 수집과 집필
실록청이 설치되면 전국의 관원들에게 사초 납부령을 내린다. 이전에 사관을 역임하면서 사초를 작성하여 보관하고 있던 관원들이나 그 가족들은 모두 정해진 기한 내에 실록청에 사초를 납입하여야 한다. 사초를 가지고도 내지 않으면 무거운 처벌을 받는다.

이렇게 모아진 사초와 정부 각 기관에서 보고한 문서 등을 연월일 순으로 정리하여 작성해 둔 춘추관 시정기, 《승정원일기》, 《의정부등록》 등 정부 주요 기관의 기록들, 또 개인들의 일기나 문집 등 각종 자료들을 참조하여 세 차례에 거쳐 실록을 완성한다.

① 초초(初草) : 각종 자료에서 중요한 사실을 뽑아 작성한다.
② 중초(中草) : 초초 가운데 빠진 사실을 넣고 불필요한 내용을 빼는 동시에 잘못된 부분을 수정하여 작성한다.
③ 정초(正草) : 중초의 잘못을 재수정하는 동시에 체제와 문장을 통일한다. 정초가 바로 인쇄의 대본이 된다.

●《조선왕조실록》 한 걸음 더●

《고종실록》과 《순종실록》은 《조선왕조실록》에 포함시키지 않는다?

이 실록들은 1927-1932년 일제 주도 하에 조선총독부가 편찬한 것으로 기록들에 왜곡이 많아. 또한 실록 편찬 방식에도 맞지 않는 점이 많아. 따라서 《조선왕조실록》에 포함시키지 않으며, 여기에 기록된 역사는 참고하거나 인용할 때 주의해야 해.

세초하지 않은 중초본이 남아 있다?

사초와 초초, 중초를 세초하는 게 원칙이지만 《광해군일기》는 중초가 남아 있어. 중초본에는 최종적으로 없애거나 바꾼 내용들이 그대로 있으므로 정초본과 중초본 두 개를 비교하면 많은 정보를 얻을 수 있어.

실록이라 하지 않고 일기라고 부르는 것도 있다?

왕위에서 쫓겨난 임금은 《연산군일기》나 《광해군일기》와 같이 일기라고 해. 하지만 그 체제나 성격은 다른 실록들과 똑같아.

3. 세초

실록이 완성되면 실록 편찬에 사용하였던 기본 자료들인 춘추관 시정기와 사관의 사초, 실록의 초초와 중초는 세검정 차일암이라는 바위에서 시냇물로 씻어 내용을 없앤다. 이것을 세초라고 한다. 세초를 하는 이유는 크게 두 가지였다. 첫째는 사초의 내용을 영원히 없애 사관들이 마음 놓고 제대로 기록할 수 있도록 하기 위한 것이고, 둘째는 글씨를 씻어 낸 후 종이를 다시 사용하기 위해서였다.

4. 사고에 보관

완성된 실록은 왕에게 바치지 않고 춘추관에서 봉인 의식을 거친 후 특별히 건축, 관리되는 사고에 보관했다. 왕에게 바치지 않은 것은 기록의 사실이 왜곡될 것을 우려했기 때문이다.

실록은 모두 4부를 만들어 네 곳의 사고에 각각 1부씩 봉안하였다. 임진왜란 후에는 5부를 간행하기도 했다. 실록은 국왕이나 대신들도 사사로이 열람할 수 없었다. 실록을 참고할 필요가 있을 때도 왕이 직접 보는 것이 아니고 특별히 사관을 사고에 보내 현안과 관련된 부분만을 등사하여 오도록 하였다. 실록은 당시 정치와 왕과 신하들의 잘잘못을 사실대로 기록한 것이므로, 편찬과 관리가 매우 엄격하였다.

수많은 전란과 일제 침략, 6.25 전쟁 등 많은 일을 겪고도 《조선왕조실록》이 현재까지 온전히 전해지는 것은 이처럼 여러 곳에 분산 보관하고 철저히 관리하였기 때문이다.

5. 사후 관리

실록은 3년에 한 번씩 꺼내어 포쇄하였다. 포쇄란 책을 오랫동안 보존하기 위해 바람에 말려 습기를 없애는 일을 말한다. 이때에도 전임 사관 한 명이 파견되어 일정한 규례에 따라 엄격하게 시행하여, 실록의 내용이 공개되거나 누설되는 일이 없도록 관리하였다.

실록을 포쇄하거나 열람하기 위해 혹은 실록각을 보수하기 위해 사고를 열 때는 그 사유를 '실록형지안'에 꼼꼼히 적어 기록해 사고의 실록들을 철저히 관리하였다.

집에서 사초를 고치다 들통난 사관도 있어. 목이 달아났지.

실록은 1종만 편찬했다?

대부분 왕대마다 1종의 실록을 편찬했지만, 만족스럽지 않은 면이 있다고 하여 후에 수정 혹은 개수 실록을 편찬한 경우도 있어. 특히 당쟁이 치열해진 이후의 실록은 편찬 당시 정권을 잡고 있던 당파에는 유리하게, 반대당에는 불리하게 기록되어 내용의 공정성에 문제가 적지 않았어. 따라서 반대당이 집권하면 이를 수정하여 다른 실록을 편찬하려고 했어. 이러한 이유로 《선조수정실록》, 《현종개수실록》, 《경종수정실록》이 편찬되었어.

사초를 집에 보관했다?

실록 편찬 자료 중에서 가장 중요한 것은 전왕 재위 시 사관들이 각자 작성하여 개별적으로 가지고 있던 사초였어. 사관들이 편전에 들어가 기록한 것이나 각 관아에서 수집한 자료들이 사초가 되지. 사초 중에서 일상적인 정무와 관계된 것은 시정기로 작성되어 춘추관으로 보내지만, 기밀이나 보안을 요하는 자료들은 사관들이 개별적으로 보관했어.

알고 보면 약이 되는 조선 왕 이야기

조선 왕의 일생은 삶과 죽음이라는 큰 틀에서 보면 보통 사람의 삶과 같다. 하지만 나라의 운명을 좌우하는 최고 권력자이자 통치자인 만큼 중요한 때마다 장엄한 의례를 치러 기념하고, 만백성에게 최고의 권위자임을 알렸다. 그래서 조선 왕의 한평생을 들여다보면, 조선이 더 가까이 보인다.

★ 원자의 탄생
왕과 왕비 사이에서 태어난 왕자 중 맏아들(적장자)을 '원자'라고 해. 원자의 탄생은 나라의 최고 경사인 만큼 왕이 직접 종묘의 조상들께 '고유제'를 올려 성대하게 기념했어.

★ 봉군
왕자들은 일곱 살 무렵 봉호(군호)를 받는 봉군 의식을 치러 충녕 대군, 광해군 같은 칭호를 받는데 이를 '봉군'이라고 해. 대군은 왕비 몸에서, 군은 후궁 몸에서 난 왕자를 가리켜.

> 세자가 되면 왕위는 따 놓은 당상이라고? 천만에! 행실이 바르지 못하면 양녕 대군처럼 쫓겨났어.

★ 책봉례
다음 왕위를 이을 세자를 정하는 의례야. 세자가 얼마나 중요하면 "국본을 세운다."고 했겠어. 그래서 왕의 즉위식 버금가게 중요하게 여겼지. 조선은 '적장자 계승 원칙'에 따라 원자가 세자가 되고, 세자가 왕이 되었어. 물론 원자를 거치지 않고 세자가 된 경우도 많아.

> 서연은 만만치 않아. 중간고사에 기말고사에 매일 쪽지 시험까지 봤어.

★ 서연(세자 공부)
세자가 되면 시쳇말로 조선에서 최고 비싼 과목별 개인 과외를 받아. 바로 '서연'이야. 선생이 20명이나 되는데, 학문과 덕망을 갖춘 관리 중에서 뽑았어. 왕이 되려면 학문뿐 아니라 몸가짐, 말씨, 마음씨까지 두루두루 갖춰야 한다고 여겼기 때문이지.

★ 관례(성인식)
책봉례를 치른 세자는 8세~12세쯤 관례를 치렀어. 상투를 틀고 관을 써서 '관례'라고 했는데, 이제 결혼해도 되는 어른이 되었다는 것을 뜻해.

★ 가례(세자나 왕의 혼례)
관례를 치른 세자는 보통 15세쯤 비슷한 또래와 가례를 올렸어. 왕의 경우는 왕비가 죽어 다시 장가가는 경우겠지? 왕권을 다지려고 힘 있는 가문과 혼인하는 경우가 많았어.

> 조선 왕 가운데 적장자로 왕위에 오른 왕은 나 문종 포함, 고작 7명이야.

★ 즉위식(새 왕의 탄생)
왕이 죽으면, 5일 안에 세자가 왕위에 올랐어. 그래서 새 왕의 즉위식은 가장 중요한 국가 행사인데도 기쁨보다 슬픔 속에서 치렀어. 대부분 눈물의 즉위식이었던 셈이지.

★ 내가 조선의 왕(왕의 통치)

왕의 권한과 통치 범위는 법으로 정해 놓은 게 없었어. 감히 왕의 권한과 위상을 글로 표현할 수 없다고 생각했기 때문이야. 하지만 왕의 하루를 따라가 보면, 조선 왕이 어떻게 나라를 다스렸는지 엿볼 수 있어.

산해진미를 먹고, 당대 최고 의사의 관리를 받고도 왕들 평균 수명이 47세인 게 이해 가지?

왕의 24시

7시~11시
- 저녁 경연 : 저녁 경연을 마치면 공식적인 하루 일과는 끝이야. 하지만 중간에 임시로 여는 '소대', 야밤에 여는 '야대'도 있어서, 그야말로 왕의 하루는 눈 코 뜰 새 없었어.
- 저녁 식사 : 왕의 수라상은 반드시 세자가 먼저 맛보았는데, 이를 '감선'이라고 해. 물론 세자가 맛보기 전 음식에 관한 일을 맡은 사옹원에서 독이 들었는지 검사했지.
- 저녁 문안 : 아침 문안과 마찬가지로 제일 웃어른부터 차례로 돌았어.
- 휴식 및 독서 : 정조처럼 부지런한 왕은 독서를 통해 틈틈이 실력을 갈고닦았어.
- 밤 경연 : 거르는 왕이 많았어.

11시~5시
- 잠자기 : 왕의 몸을 '옥체'라고 하는데 세종, 문종, 정조 등은 소문난 일벌레여서, 밤을 새워 책을 읽는 경우가 많았어. 그래서 갖은 병을 달고 살았어.

5시~6시
- 자리에서 일어나기 : 죽을 만큼 피곤해도 일어나야 해.
- 타락죽(우유죽)으로 빈속 달래기
- 왕실 웃어른께 문안 : 제일 웃어른부터 차례로 돌면, 무릎이 아플 지경이었어.

6시~12시
- 대신들과 회의 : 매일 하는 약식 회의인 '상참'이 있고, 매월 5일, 11일, 15일에 정기적으로 하는 '조참'이 있어.
- 경연 참석 : 경연은 왕에게 필요한 공부를 하는 걸 말해. 때로는 신하들과 중요한 나랏일을 의논하기도 했어. 정식 경연은 아침, 점심, 저녁 하루 세 번 했어.
- 아침 식사 : 왕의 밥상을 '수라상'이라고 하는데, 아침은 보통 10시쯤 먹었어.
- 각 부서별로 업무 보고 받기 : 조선의 왕은 입법, 행정, 사법의 최고 결정권자이자, 최고 권력자였어. 그러니 무엇이든 마음대로 했을 것 같지? 아니야. 언론 기관인 홍문관, 사헌부, 사간원이 왕이 잘하나 잘못하나 감시했어. 또 왕을 그림자처럼 따라다니는 사관이 왕의 일거수일투족을 기록으로 남겨, 뒷날 역사의 평가를 받게 했지.

3시~7시
- 상소 등 업무 처리 : 신하들이 올린 상소문을 일일이 읽고 답을 내렸는데, 이를 '비답'이라고 해.
- 체력 단련 : 주로 말타기나 활쏘기로 체력을 길렀고, 가끔 궁궐 밖으로 나가 온천을 즐기거나 사냥을 하기도 했어.
- 잠시 휴식 : 몸과 마음을 잠시나마 쉴 수 있는 시간이야.

12시~3시
- 간단한 점심 : 점을 찍듯 간단히 먹는다고 하여 '점심'이라고 했어.
- 낮 경연 : 세종처럼 성군이라 불리는 왕들은 대부분 경연에 충실했어. 하지만 폭군의 대명사인 연산군은 경연이 없었어.
- 방문객 접견 : 외국 사신 접대는 왕이 하는 일 가운데 아주 중요했어. 다른 나라와 잘 지내야 나라가 평안했거든.

왕릉 공사에만 5000명이 매달렸고, 국장 행렬에는 무려 1만 명이나 참여했어.

★ 국장례(왕의 죽음)

왕의 죽음을 '붕어', '승하'라고 하는데, 왕이 곧 나라를 상징하던 조선에서 왕의 국장례는 가장 중요한 국가 의례였어. 국장례는 유교 예법에 따라 5개월 만에 치렀는데 길지를 골라 능을 만들고, 안장하고, 종묘에 신위를 모셨어. 이때 '묘호'를 붙여 모셨는데 태조, 태종, 세종, 정조 등 우리가 부르는 호칭이 바로 묘호야.

차례

《조선 왕이 납신다》를 선보이며 · 4
조선 왕 계보도 · 6
《조선왕조실록》 어떻게 만들었나 · 8
알고 보면 약이 되는 조선 왕 이야기 · 10

1대 태조 아름다운 아침의 나라, 조선을 열다 · 16
2대 정종 징검다리 왕이 되다 · 26
3대 태종 조선 왕조의 틀을 만들다 · 30
4대 세종 조선은 중국과 다르다 · 38
5대 문종 아버지 세종의 뜻을 이어받다 · 48
6대 단종 삼촌에게 왕위를 뺏기다 · 52
7대 세조 모든 결정은 왕이 한다 · 56
8대 예종 아버지 세조처럼 강한 왕을 꿈꾸다 · 64
9대 성종 조선 왕조의 체제를 완성하다 · 68
10대 연산군 최악의 폭군이 되다 · 76

11대 중종 반정으로 왕이 되다 · 82

12대 인종 왕 노릇 여덟 달밖에 못 하다 · 88

13대 명종 끝없는 혼란에 나라가 흔들리다 · 90

14대 선조 조선 최대의 국난, 임진왜란을 겪다 · 96

15대 광해군 실리 외교로 조선을 지키다 · 106

16대 인조 조선 최대의 굴욕, 병자호란을 겪다 · 112

17대 효종 북벌로 백성을 멍들게 하다 · 118

18대 현종 예송의 시대를 살다 · 124

19대 숙종 환국으로 왕권을 다시 세우다 · 128

20대 경종 붕당의 절정기, 수난을 겪다 · 134

21대 영조 조선 부흥의 기틀을 다지다 · 138

22대 정조 조선 문화의 황금기를 열다 · 146

23대 순조 세도 정치가 시작되다 · 156

24대 헌종 여덟 살에 왕이 되다 · 160

25대 철종 세도 정치 절정기, 꼭두각시로 살다 · 164

26대 고종 조선 왕조의 비극적인 끝을 온몸으로 겪다 · 168

27대 순종 나라의 문을 닫다 · 178

찾아보기 · 182

어허,
촐싹대기는….
짐도 모시고
가거라~.

- 이 책은 국사편찬위원회의 《조선왕조실록》을 저본으로 삼았다.
- 본문에 나오는 날짜는 1896년 이전은 음력, 1896년부터는 양력 기준이다.
- 역사 용어는 교육부에서 펴낸 〈교과서 편수자료〉에 따랐다.
- 맞춤법, 띄어쓰기는 국립국어원 《표준국어대사전》을 기준으로 삼았다.
- 국립국어원의 외래어 표기법에 따라 중국 인명은 한자음대로,
  일본 인명은 현지음으로 표기했다.

나를 아는 데 필요한 정보 ❼

1. 나 이성계는 1335. 10. 11.~1408. 5. 24.까지 살았고, 1392. 7. 17.~1398. 9. 5.까지 왕이었다.
2. 남을 밟고 올라서는 것을 좋아하지 않았고, 한번 맺은 인연은 끝까지 믿었다.
3. 변방의 촌뜨기라는 놀림을 받았지만, 왜구와 홍건적을 무찔러 고려의 영웅이 되었다.
4. 위기는 기회이기도 한 법. '위화도 회군'으로 권력을 손에 넣었다.
5. 신진 사대부와 손잡고 토지 개혁을 실시해 백성의 마음을 얻었다.
6. 우리 역사상 최초로 '역성 혁명'을 통해 새 나라 조선을 열었다.
7. 고려의 세력이 남아 있는 개경을 떠나 한양으로 도읍을 옮겼다.

조선은 백성이 근본인 나라이다!

난세가 영웅을 낳고, 영웅이 새 시대를 열었군.

1대 태조

아름다운 아침의 나라, 조선을 열다

경복궁에 가 본 적 있어? 가 봤다고? 그럼 경복궁이 뭐하는 곳인지도 알겠네. 옳거니, 똑똑하다. 그래, 조선 시대 왕이 살던 궁궐이야. 그럼 경복궁을 지은 사람이 누군지도 알겠군. 조선을 세운 이성계라고? 역시 똑소리 난다. 내가 조선을 세우기 전 이 땅에는 고려라는 나라가 있었어. 그때 고려는 안으로는 권력을 쥔 권문세족이 나라를 쥐고 흔들고, 밖으로는 홍건적과 왜구가 쳐들어와 몹시 위태로웠지. 나는 변방의 이름 없는 장수에 지나지 않았지만, 홍건적과 왜구를 크게 무찔러 백성의 마음을 사로잡았어. 그러자 실력과 재능을 갖춘 인재들이 내 주위로 모여들더군. 바로 성리학이라는 새로운 사상으로 무장한 신진 사대부였어. 난 신진 사대부와 손잡고 차근차근 준비해 1392년에 새 나라 '조선'을 세웠어. '아름다운 아침의 나라'라는 뜻이야. 갓 태어난 우리 조선이 제대로 뿌리내리고 꽃을 활짝 피울 수 있을지 함께 지켜보자꾸나.

태조 이성계의 어도로 추정하는 칼이다. 길이가 무려 147센티미터이고, 칼날 길이는 92센티미터, 자루 길이는 55센티미터, 칼집 길이는 103센티미터나 된다. 매우 크고 길어, 전투용이라기보다 군사를 지휘할 때 썼을 가능성이 높다. 태조 이성계가 무인 시절부터 늘 몸에 지니고 다녔는데, 칼이 사라진 뒤 아들인 태종 이방원이 똑같이 만들어 바쳤다고 한다.

동북면의 촌뜨기, 개경 구경하다

이성계는 말잔등에 바짝 엎드려 고삐를 힘껏 잡아챘다. 말발굽 소리가 땅을 흔들었다. 이성계가 말을 달리는 곳은 오늘날 함경도 지방인 동북면의 쌍성총관부로, 원나라에 빼앗긴 고려 땅이었다. 원나라가 기울자 공민왕은 1356년, 쌍성총관부를 되찾으려고 군사를 보냈다. 원나라에서 내린 쌍성총관부의 천호 벼슬자리에 있던 이성계의 아버지 이자춘은 공민왕을 은밀히 만나 고려에 귀순했다. 이성계는 아버지와 함께 나아가 쌍성총관부를 되찾는 데 큰 공을 세웠다.

공민왕은 이자춘과 이성계를 조정으로 불러 크게 칭찬하고 개경에 집 한 채를 내려 주었다. 동북면이 세상의 다인 양 누비고 다니던 촌뜨기 이성계는 난생 처음 고려 조정에 얼굴을 알렸다. 하지만 시작일 뿐이었다. 1361년에는 홍건적이 쳐들어와 개경이 함락되자, 이성계는 집안에서 부리는 군사 2000명을 이끌고 나아가 최영과 함께 홍건적을 몰아내고 고려를 위기에서 구해 냈다.

이성계는 동북면 병마사에 올랐고, 이듬해에는 원나라 나하추의 침입을 막아 냈다. 백성들은 싸움에서 판판이 이기는 이성계를 '불패의 사나이'라고 부르며 입에 침이 마르도록 칭찬했다. 하지만 권력을 틀어쥔 권문세족에게 이성계는 그저 변방의 촌뜨기일뿐이었다.

고려의 영웅이 되다

공민왕이 계속 원나라에 맞서 고려를 다시 일으켜 세우려 하자 원나라는 1364년, 군사 1만 명을 보내 공민왕을 쫓아내려고 했다. 이성계는 이번에도 최영과 함께 원나라 군을 물리쳤다. 갈수록 이성계의 기반은 탄탄해졌고, 벼슬도 올라갔다.

1380년에는 왜구 수만 명이 500여 척의 배를 이끌고 충청도 진포에 상륙해 충청, 전라, 경상 3도를 짓밟았다. 최무선이 화포를 이용해 배를 불태우자, 돌아갈 길이 막힌 왜구는 곳곳에서 약탈을 일삼고 백성을 마구 죽였다. 조정에서는 이성계에게 왜구를 토벌하라는 명을 내렸다. 이성계는 지리산 부근 황산에서 고려군의 열 배가 넘는 왜구를 무찔렀다. 바로 '황산 대첩'이다. 이제 이성계는 '고려를 구할 영웅' 소리를 들으며 최영에 버금가는 인기를 누렸다.

꽃이 피면 벌과 나비가 모여들 듯이 이성계의 주위로 인재들이 모여들었다. 바로 정도전, 조준, 정몽주 같은 신진 사대부였다. 그 가운데 백성을 위한 정치를 펴는 데 걸림돌이 된다면, 고려 왕조마저 무너뜨릴 수 있다고 생각한 정도전이 1383년에 이성계의 오른팔이 되었다. 고려 최고의 군사력을 가진 이성계와 실력과 재능을 갖춘 신진 사대부와의 만남. 이 만남으로 이성계는 한쪽 날개를 달게 되었고, 조선 건국을 향한 보이지 않는 첫걸음이 시작되었다.

새로운 세상을 꿈꾼 신진 사대부 • 고려 말 위기에 빠진 나라를 개혁하고자 권문세족에 맞선 새로운 세력을 '신진 사대부'라고 한다. 성리학을 공부해 학자로서의 능력과 관리로서의 능력을 두루 갖추었으며, 권문세족과 달리 가문에 의지하지 않고 오로지 실력으로 과거를 통해 벼슬자리에 올랐다.

위기는 곧 기회, 개경으로 말 머리를 돌리다

중국 땅에서는 원나라가 몽골 초원으로 쫓겨 가 북원이라 이름을 바꾸었고, 명나라가 중원의 주인이 되었다. 고려 조정은 최영이 이끄는 친원파와 이성계와 신진 사대부가 중심이 된 친명파가 맞섰다. 이성계와 신진 사대부가 손잡긴 했으나, 고려 정치를 이끌어 가는 사람은 최영이었다.

긴장감이 높아 가는 가운데 1388년 2월, 명나라가 공민왕이 되찾은 고려 땅을 내놓으라고 으름장을 놓았다. 우왕과 최영은 요동을 정벌하여 명나라에 본때를 보여 주기로 했다. 이성계는 '4불가론'을 내세우며 크게 반대했지만 그해 4월, 조민수와 함께 군사 5만 명을 이끌고 나아가 압록강의 위화도에 진을 쳤다. 하지만 고려의 힘으로 요동 정벌은 힘든 상황이었다. 위화도에 도착하기 전 도망친 군사가 부지기수였고, 장마가 시작되자 군사들의 사기는 땅에 떨어졌다.

1388년 5월, 이성계는 끝내 진격하라는 우왕의 명을 어기고 개경으로 말 머리를 돌려 최영의 목을 베고, 군사권을 손에 넣었다. 그리고 우왕 대신 창왕을 세우고, 누구도 넘볼 수 없는 최고 권력자가 되었다. 역사에서 '위화도 회군'이라고 부르는 이 사건으로, 이성계와 신진 사대부는 새 나라 건국을 향해 한 걸음 더 내디딜 수 있게 되었다.

토지 개혁으로 백성의 마음을 얻다

이성계와 정도전 등 신진 사대부는 백성의 마음을 온전히 얻을 수 있는 방법을 고민했다. 그동안 권문세족은 강제로 백성의 땅을 빼앗아 산천을 경계로 할 만큼 땅을 늘렸다. 그러고도 모자라 땅 하나에 많게는 여덟아홉 명이 주인이라며 세금을 거둬 갔다.

1388년 7월, "백성이 세금을 낼 때 다른 사람에게 빌려 내는데, 그 빚은 아내를 팔고 자식을 팔아도 갚을 수 없다."로 시작하는 조준의 토지 제도 개혁 상소가 올라왔다. 개혁 방법을 놓고 조정은 벌집 쑤신 듯 시끄러웠다. 정도전과 조준 등 급진파는 모든 땅을 나라에서 거둔 후, 땅을 다시 백성에게 나누어 주자고 주장했다. 이색과 이숭인 등 온건파는 권문세족이 불법으로 빼앗은 땅만 원래 주인에게 돌려주자고 맞섰다. 정몽주는 때를 조절하자며 중간 입장을 취했다.

결국 이성계와 급진파가 승리해 1391년 5월, 새로운 토지 제도인 '과전법'이 공포되었다. 토지 개혁으로 백성들의 마음은 이성계에게 더욱 쏠렸다. 이제 백성들 마음까지 얻었으니, 고려가 망하고 새 나라가 들어서는 건 시간문제였다.

과전법은 권문세족의 땅을 몰수해 모든 땅을 나라 땅으로 삼고, 세금을 수확량의 $\frac{1}{10}$만 걷되 관리들에게 경기도 땅에 한해 품계에 따라 세금을 거둘 권리를 준 거야. 세금 부담이 줄어드니, 백성들은 당연히 기뻐했지. 과전법으로 나라 곳간도 채우고, 백성의 마음도 얻었으니, 꿩 먹고 알 먹은 셈이지?

"공양왕 2년(1390) 9월, 공전과 사전의 문서를 저잣거리에서 불태우니 불길이 며칠 동안이나 꺼지지 않았다. 공양왕이 탄식하고 눈물을 흘리며 '대대로 내려온 토지 제도인 사전법이 내 대에 이르러 사라지니 애석한 일이다.'고 했다."
– 《고려사》 '식화지'

아름다운 아침의 나라, 조선을 열다

정몽주는 이성계와 급진파가 새 왕조를 세우려 한다는 낌새를 챘다. 고려를 개혁하여 다시 일으키려고 한 정몽주는 이성계와 급진파를 몰아낼 기회를 엿보았다. 1392년 4월, 이성계가 말에서 떨어져 크게 다치자 정몽주는 조준, 정도전 등을 귀양 보냈다. 모든 게 물거품이 될 위기에 몰렸다. 위기를 뚫은 이는 이성계의 다섯째 아들인 이방원이었다. 이방원은 부하를 시켜 정몽주를 죽여, 대역죄를 뒤집어씌워 저잣거리에 매달았다.

이성계는 1392년 7월 17일, 정도전, 조준 등의 추대를 받아 왕위에 올랐다. 태조 이성계는 즉위 교서에서 "나라 이름은 고려라 하고 법과 제도도 고려를 따른다."고 하여, 고려를 빼앗은 게 아니라 이어받았다는 것을 강조해 백성의 마음을 다독였다. 이어 막내아들 이방석을 세자로 세우고, 이듬해 2월 나라 이름을 '조선'으로 정했다. '아름다운 아침의 나라'라는 뜻이다. 또한 우리 민족이 세운 첫 나라인 고조선을 이은 나라라는 뜻도 담겨 있었다. 태조는 새 나라 조선이 '유교가 중심인 나라', '농사가 중심인 나라', '사대교린이 중심인 나라'가 될 것이라고 밝혔다.

새 술은 새 부대에, 한양으로 도읍을 옮기다

새 나라 조선이 들어섰지만, 개경에는 여전히 고려에 대한 충절을 지키려는 자들이 남아 있었다. 백성 또한 고려 백성인지 조선 백성인지 갈피를 못 잡았다. 태조는 도읍을 옮겨 분위기를 다지고, 백성에게도 이제 조선의 백성이라는 걸 확실히 심어 주고 싶었다. 그래서 1394년 10월, 한양으로 도읍을 옮겼다.

이듬해 태조는 천문도인 〈천상분야열차지도〉를 만들어, 하늘의 뜻에 따라 역성 혁명으로 조선을 세운 것임을 널리 알렸다. 이어 1397년에는 나라를 다스리는 데 필요한 헌법에 해당하는 《경제육전》을 펴냈다. 하지만 1398년 8월, 조선을 세우는 데 가장 큰 공을 세웠으나 세자 책봉에서 밀린 이방원이 난을 일으켜, 형제간에 피를 보는 참극이 일어났다. 태조는 둘째 아들인 정종에게 왕위를 물려주고 상왕으로 물러났다. 조선을 세운 지 6년 만이었다.

한양은 한반도의 한복판에 자리해 교통이 편리했다. 또한 산줄기가 둘러싸고 있어서 적을 막는 데 유리했고, 한강이 흘러 배가 드나들기에 더할 나위 없이 좋았다. 궁궐 공사는 1394년 11월 시작하여 이듬해 9월 완공했다. 한양을 계획하고 건설한 이는 정도전이다. 영조 때 만든 것으로 추정하는 아래 〈한양도성도〉를 통해 당시 한양의 모습을 살펴보자.

❶ **사직** · 토지의 신과 곡식의 신에게 제사 지내는 곳이야. 조선은 농업이 중심인 나라여서 종묘 못지않게 사직을 중요하게 여겼어. 경복궁의 오른쪽에 두었어.

❷ **광화문** · 경복궁의 남문이자 정문이야. '광화'는 해와 달이 세상을 밝게 비추는 것처럼 임금의 덕이 온 나라를 찬란하게 빛낸다는 뜻을 담고 있어.

❸ **경복궁** · 임금이 가족과 함께 지내며 나랏일을 보던 으뜸 궁궐이야. 정도전이 이름을 붙였는데, 영원히 복을 누리라는 뜻을 담고 있어. 북악산을 등지고 남쪽을 향해 지었어.

❹ **종묘** · 역대 국왕들의 신주를 모신 곳으로 나라에서 가장 중요하게 여겼어. 얼마나 중요하면 궁궐보다 먼저 지었겠어. 경복궁의 왼쪽에 있어.

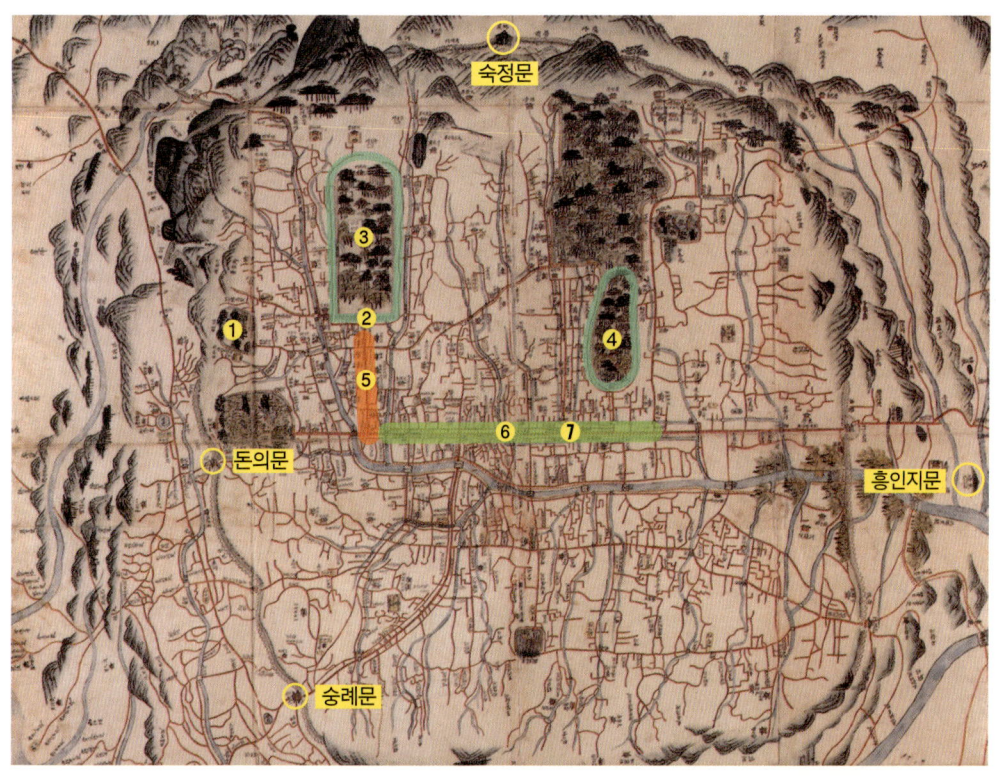

❺ **육조 거리** · 경복궁의 정문인 광화문 앞에서 남쪽으로 쭉 뻗은 큰길이야. 나랏일을 살피는 6조 등 관청들이 길 양쪽에 늘어서 있어서 육조 거리라 불렀어.

❻ **종루** · 한양 도성의 성문을 여닫는 시각을 알리는 큰 종을 설치한 곳이야. '종각'이라고도 해. 고종 때 다시 지으면서 '보신각'이라는 이름을 붙였어.

❼ **운종가** · 시전 상인들이 장사를 하는 곳이야. 종루를 가운데 두고 동서로 길게 뻗어 있었고, 양쪽에 상점들이 늘어서 있었어. 오늘날의 종로 일대야.

❽ **4대문** · 한양 도성 8개 성문 중 동서남북으로 낸 4개 성문을 가리켜. 숭례문(남대문), 흥인지문(동대문), 돈의문(서대문), 숙정문(북문)이야.

용의 날개를 달아 준 사람들

역사의 갈림길에서는 늘 새 길을 내는 자, 새 길을 같이 가는 자, 새 길을 같이 내었지만 그 자리에 머무는 자, 다른 길로 가는 자들이 있다. 생각의 차이, 입장의 차이에 따라 제가끔 가는 길은 다를지언정 이들 모두 한 시대를 함께한 사람들이다.

정몽주 (1337~1392)
특징 : 빼어난 행정가, 외교관
별명 : 대의에 살고 대의에 죽은 충절의 표상
업적 : 과거에 3번 장원 급제할 정도로 명민하고 학문이 깊었다. 성리학을 공부한 신진 사대부로, 대의에 어긋나는 일은 절대 하지 않았으며, 일을 처리하는 능력이 뛰어나 백성의 신망이 두터웠다. 명나라와 일본에 여러 차례 사신으로 가서 외교적 능력을 발휘한 외교관이기도 하다. 스러져 가는 고려와 백성을 구하려고 신흥 무인 세력인 이성계와 손잡았으나, 끝내 역성 혁명을 거부하고 이방원의 칼에 죽임을 당했다. 뼛속까지 고려를 사랑한 충신으로, 조선 시대에도 절의의 상징으로 추앙받았다. 고려에 대한 변치 않는 마음을 표현한 〈단심가〉로도 유명하다.

이지란 (1331~1402)
특징 : 고려에 귀화한 여진 사람
별명 : 이성계의 결의형제
업적 : 이성계를 보자마자 그 됨됨이를 알아보고 의형제를 맺었다. 활 솜씨를 겨루어 이성계에게 져 이성계를 형으로 섬겼다. 원나라가 쇠퇴하고 명나라가 들어서자, 여진인 기마대 500명을 이끌고 고려에 귀화해 이씨 성을 받았다. 이성계를 도와 황산 대첩에서 큰 공을 세웠고, 위화도 회군, 역성 혁명까지 함께하며 조선 건국에 크게 이바지했다. 이두란이라고도 한다.

왕조 교체기라 역시 인물이 많아.

최영 (1316~1388)
특징 : 역사의 흐름을 읽지 못한 우직한 충신
별명 : 고려의 항우장사
업적 : 고려 최고의 무인으로, 두 차례 침입한 홍건적을 물리치고 홍산에서 왜구를 크게 무찔렀다. "황금 보기를 돌같이 하라."는 아버지의 유언을 지킨 청백리로 백성의 사랑을 받았다. 우왕의 장인으로 명나라에 맞서 요동 정벌에 나섰으나, 위화도에서 회군한 이성계에게 죽임을 당했다. 최영이 처형되던 날, 개경 사람들은 시전의 문을 닫고, 오가는 사람은 다 말에서 내렸으며, 길거리의 아이들과 시골의 아낙까지 온 백성이 눈물을 흘렸다고 한다. 죽음을 맞기 전 "내게 죄가 있다면 나라에 충성한 죄뿐, 내가 손톱만큼이라도 욕심을 차리려고 남을 해코지했다면 내 무덤에는 풀이 날 것이고, 그렇지 않다면 풀 한 포기 나지 않을 것."이라는 말을 남겼는데, 정말 풀이 나지 않았다고 한다.

이방원(1367~1422)
특징 : 문무를 겸비한 행동가, 조선 건국의 일등 공신
별명 : 힘이 곧 권력, 권력은 칼 아래에서
업적 : 태조 이성계의 다섯째 아들로, 17세에 문과에 급제했다. 문무를 겸비한 인재로 이성계가 고비를 맞을 때마다 해결사 노릇을 했다. 1392년에 이성계가 말에서 떨어져 다치자 이성계 세력을 없애려는 정몽주를 죽여 전세를 뒤집고, 조선을 건국하는 데 결정적인 공을 세웠다. 하지만 이 일로 이성계에게 밉보여 개국 공신 목록에서 빠졌고, 세자 책봉에서도 밀렸다. 정도전이 요동 정벌을 이유로 사병을 해체하려 하자, 1398년 군사를 일으켜 정도전 일파와 세자인 이방석을 죽인 뒤 형인 이방과를 정종으로 세웠다. 2년 뒤인 1400년, 정종에게 왕위를 물려받으니, 3대 태종이다.

신덕 왕후(?~1396)
특징 : 칼만 쥐지 않은 여걸
별명 : 부창부수의 본보기
업적 : 권문세족인 곡산 강씨로, 이성계의 둘째 부인(계비)이 되었다. 친정의 힘을 이용해 이성계가 중앙 정치 무대로 올라서는 데 큰 역할을 했다. 이성계가 말에서 떨어져 다치자 이방원을 보내 이성계를 구하는 등 조선 건국에 큰 공을 세웠다. 정도전과 손잡고 친아들인 이방석을 세자로 세웠으나 병으로 일찍 죽었다. 태조가 죽은 뒤 태종에 의해 후궁으로 강등되는 수모를 겪었다.

정도전(1342~1398)
특징 : 조선의 설계자
별명 : 태조의 장자방
업적 : 새로운 성리학 사상으로 무장한 현실 정치가로 개혁에서 그치지 않고 한 발 더 나아가 백성이 주인이 되는 새로운 나라를 꿈꾸었다. 기록에 따르면 태조에게 대놓고 자신을 장자방에 비유하며, 건국의 공이 자신에게 있다고 말했다고 한다. 원명 교체기라는 판세를 꿰뚫어 보고 이성계를 역사의 중심으로 끌어들여 조선을 건국하는 데 가장 큰 역할을 했다. 성리학적 이념에 따라 조선의 기틀을 다지려고 노력했다. 조선 건국 후 이방원과 대립하여 죽임을 당했고, 조선 시대 내내 반역자의 상징이 되어야 했다. 고종 때 경복궁을 고쳐 지으면서 한양을 설계한 정도전의 공을 기려 반역자의 굴레를 벗기고 명예를 회복해 주었다.

조준(1346~1405)
특징 : 조선 개국의 경제적 기반을 마련한 경제 관료
별명 : 토지 제도 전문가
업적 : 원래 변변치 못한 집안이었으나 증조할아버지 조인규가 원나라 간섭기에 몽골 어 역관으로 출세해 충선왕의 장인이 되면서 권문세족이 되었다. 여섯 형제 가운데 아무도 과거에 급제하지 못해 어머니가 한탄하자, 학문에 힘써 과거에 급제했다. 권문세족이 나라를 떡 주무르듯 하자 지방에 내려가 세상을 등지고 살다 이성계를 만나 개혁에 뜻을 두었다. 토지 제도 개혁에 앞장서서 조선 건국의 경제적 토대를 마련했다. 정도전과 이방원이 이성계에게 오른쪽과 왼쪽 날개를 달아 주었다면, 조준은 왕위에 다다를 수 있는 경제적인 힘을 마련해 주었다.

 나를 아는 데 필요한 정보 ❼

❶ 나 이방과는 1357. 7. 1.~1419. 9. 26.까지 살았고 1398. 9. 5.~1400. 11. 11.까지 왕이었다.
❷ 고려에서 벼슬하여 무관으로 재상까지 올랐다.
❸ 36세 때, 아버지가 조선을 세우면서 나는 왕자이자 아버지 태조의 친위 부대 대장이 되었다.
❹ 동생 방원 덕분에 세자가 되고 왕이 되었다.
❺ 방원의 뜻에 따라 최고 행정 기관인 의정부, 최고 군 기관인 삼군부를 만들어 중앙 집권 체제의 기반을 다졌다.
❻ 나랏일보다는 격구 등 오락에 빠져들다 대간들의 공격을 받기도 했다.
❼ 방원에게 왕위를 물려주고 상왕으로 유유자적했다.

동생 덕에 왕도 되어 보고…, 역시 가족이 최고야!!!

분수를 아니 다행이었지.

2대 정종

징검다리 왕이 되다

여러분은 나를 임시 왕쯤으로 기억할 거야. 맞아, 나는 아버지와 동생을 잇는 징검다리였어. 그렇지만 나름 잘 살았다고 자부해. 나는 아버지 태조의 둘째 아들로 태어났어. 아버지를 닮아 무술에 뛰어나서 무인으로 조선 건국에 작은 힘이나마 보탰지. 인생은 예측하기 어렵다더니 큰일이 벌어졌어. 동생 방원이가, 정도전 일파가 세자인 이복동생을 끼고 나라를 멋대로 다스린다며, 군사를 일으켜 정도전 일파와 세자를 죽인 거야. 방원이는 스스로 왕위에 오르기는 멋쩍었는지 나를 왕으로 삼았어. 허수아비였지. 신하도 방원이의 측근이요, 나랏일도 방원이의 뜻대로 이루어졌어. 나는 모든 것은 순리대로 돌아간다고 믿고 조용히 지내다 방원이에게 왕의 자리도 돌려주었어. 그게 뭐 잘한 거냐고? 내가 방원이에게 왕위를 물려주지 않았으면 가뜩이나 피비린내 나는 골육상쟁이 얼마나 오랫동안 계속되었겠어? 세운 지 얼마 안 된 나라는 풍비박산 났을 거야. 나라의 기틀도 튼튼하게 다지고 천수도 누렸으니 이만하면 잘 산 거잖아?

관직을 얻거나 승진하려고 청탁하는 것을 막기 위하여, 정종은 1399년 하급자가 상급자를 방문하지 못하도록 명령을 내려 이를 위반하는 자는 귀양 보내고, 벼슬길을 막았다. 바로 분경 금지법이다. 이 법은 오늘날 형법 제130조(제삼자 뇌물 제공) 공무원 등이 부정한 청탁을 받고 제3자에게 뇌물을 요구하거나 받으면 무겁게 처벌한다는 조항에서도 볼 수 있다.

조선 2대 왕이 되다

영안군은 태조의 둘째 아들로 아버지의 무인 기질을 그대로 빼닮아 곰처럼 강건하면서 용맹과 지략이 뛰어났다. 고려 때에는 무관으로 태조를 따라 출정하여 왜적을 물리치는 등 공을 세우고, 조선 개국 뒤에는 병권을 담당하며 아버지의 든든한 원군이 되었다. 영안군은 성격이 온화하고 부모를 공경하는 아들이었다. 큰형이 일찍 세상을 떠나 장남 노릇을 했지만, 왕위에 대한 욕망을 보이지 않았다.

그러나 조선 건국에 큰 공을 세운 동생 이방원은 달랐다. 1398년 8월 26일, 이방원은 군사를 일으켜 당시 세자였던 이복동생 이방석과 이방번, 그리고 이들을 뒷받침하던 정도전 일파를 죽이고 궁궐을 장악했다. 하지만 이방원은 거사를 정당화하기 위해 세자 자리를 사양했다. 이날 영안군은 아버지의 병을 낫게 해 달라고 소격전에서 기도를 올리고 있다가 궁에서 변고가 났다는 말을 듣고는 몰래 줄을 타고 성을 빠져나가 신하의 집에 숨어 있었다. 그날 저녁 이방원은 형 영안군을 궁으로 모셔와 세자로 추대되어야 함을 강력히 주장했다.

"나라의 근본을 정하고자 한다면 마땅히 적장자인 형님이 왕이 되어야 할 것입니다."

이방원의 주장으로 영안군이 왕위에 오르니, 바로 조선 2대 왕 정종이다.

동생 이방원에게 왕의 자리를 돌려주다

정종 시절에 중요한 개혁들이 이루어졌다. 행정 체제와 군 체제를 일원화하여 왕권 중심의 중앙 집권 체제의 발판을 만들었다. 또 분경을 금지하여 관리들의 승진 청탁을 막았으며, 노비변정도감을 설치하여 억울하게 노비가 된 양인을 구제하기도 했다. 그러나 이 모든 개혁은 동생 이방원의 심복인 하륜의 계획하에 진행되었다.

그러다 1400년 1월, 동생 이방간이 난을 일으켰다. 형인 정종에게 자식이 없으니 아버지의 허락만 있으면 자신도 왕이 될 수 있다고 생각한 이방간은 이방원을 제거하려 했다. 그러나 이를 눈치챈 이방원이 군사를 움직여 이방간을 제압했다. 바로 2차 왕자의 난이다. 즉시 이방간을 처형하라는 상소가 올라왔지만, 정종은 방간을 구하려고 애썼다. 정종은 "법대로 하면 처형하는 것이 마땅하지만 어떻게 골육을 형장으로 내몰 수 있겠는가."라고 인정에 호소했다. 그해 2월에 정종은 이방원을 세자로 책봉했고, 이방간은 처형을 면하고 유배를 갔다. 곧이어 정종은 태종 이방원에게 왕위를 물려주었다.

세종은 큰아버지의 왕 이름을 짓지 않았다. 큰아버지는 임시 왕이고, 대통은 태조에서 태종으로 이어져 왔다는 뜻이다. 그래서 《용비어천가》에는 정종의 이름이 없다. 조선 2대 왕은 숙종 때에야 정종이라는 왕 이름을 받았다.

상왕으로 유유자적하다

태종에게 왕위를 물려주고 상왕이 된 정종은 지금의 연세대학교 자리에 있던 인덕궁에서 살았다. 하는 일은 없었지만 의례는 물론이고 음식, 기물 등에서는 거의 왕과 똑같은 대접을 받았다. 상왕으로 물러난 뒤에는 잔치를 했다거나 사냥을 했다는 기록들만 남아 있다. 형제들 간의 왕위 다툼으로 서로 껄끄러울 터였지만, 정종의 부단한 노력으로 태종도 "고금에 만나기 어려운 분"이라며 정종을 정중히 모셨다. 정종은 왕이기 전에 후덕한 형이자 효자였다.

나를 아는 데 필요한 정보 ❼

❶ 나 이방원은 1367. 5. 16.~1422. 5. 10.까지 살았고, 1400. 11. 13.~1418. 8. 10.까지 왕이었다.
❷ 어려서부터 똑소리 난 데다 글 읽기, 공부하기가 취미였다.
❸ 다른 형제들은 무인으로 자랐지만, 나는 17세에 문과에 급제하여 집안의 자랑거리가 되었다.
❹ 아버지 곁에서 조선 건국에 큰 공을 세웠다. 왕자들 중엔 1등 공신이었으나, 공을 제대로 인정받지 못했다.
❺ 형제들 간에 왕자의 난을 겪고 왕위에 오른 나는 아들들이 우애 깊게 지내도록 온 신경을 쏟았다.
❻ 왕이 된 후에는 갓 태어난 조선을 안정시키기 위해 여러 제도를 만들었다. 조선의 틀은 내가 다 만들었다 해도 된다.
❼ 아들 바보였다. 고기가 없으면 밥을 못 먹는 세종이 염려되어 "상중에도 세종은 고기를 먹게 하라."는 유언을 남겼다.

3대 태종

조선 왕조의 틀을 만들다

스피드 퀴즈 하나! 백성들이 억울한 사정을 직접 왕에게 고하라고 설치한 북을 뭐라 하지? 세 글자! 맞아, 신문고. 그럼 신문고를 만든 사람은? 바로 나, 태종이야. 나는 갓 태어난 조선을 안정시키기 위해 여러 제도를 만들었어. 전국을 강원도, 전라도 등 8도로 나누고, 한양을 조선의 수도로 다시 정했어. 사병을 없애고, 6조 직계제와 호패법을 시행한 것도 나야. '조선의 틀을 만든 또 다른 창업 군주'라는 별명이 생길 정도였어. '창업'은 맨 처음 기업이나 나라를 시작한 것을 가리키니까 창업 군주인 아버지 태조에 버금갈 만한 업적을 남겼다는 거지. 물론 좋은 평만 있는 것은 아니야. 형제들의 피로 왕위에 오른 잔혹한 군주, 왕권을 위협하는 자들은 가차 없이 처형한 냉혹한 군주라는 말 역시 수없이 들었어. 조금이라도 왕권을 위협할 낌새가 보이면 외가건 처가건 가차 없이 없앴으니까. 어쨌든 내가 다져 놓은 강력한 왕권을 바탕으로 아들 세종이 태평성대를 이루었으니 "모든 악업은 내가 지고 가마. 너는 부디 성군이 되어라."고 한 소망은 이룬 셈이야.

서울 청계천 입구에 있는 광통교 기둥에는 범상치 않은 조각이 새겨져 있다. 1410년 물난리로 흙다리인 광통교가 사라지자 태종은 돌다리를 놓으라고 명하면서 계모 신덕 왕후 강씨의 능에서 장식 돌들을 가져다 썼다. 사람들이 두고두고 밟고 지나다니도록 하기 위해서였다. 세자 책봉 문제로 신덕 왕후와 사이가 벌어진 태종의 분노는 무덤까지 훼손할 정도로 컸다.

반대파를 제거하며 조선 건국에 큰 공을 세우다

이성계의 다섯째 아들 이방원은 날 때부터 영특하여 "이 사람에게는 하늘을 덮을 영기가 있다."는 말을 들을 정도였다. 글 읽기를 좋아해 고려 말인 1383년에 과거에 급제했는데, 무인 집안인 이씨 집안에서 문과에 급제한 것은 이방원이 처음이자 마지막이었다. 아버지 이성계는 똑똑한 데다 자신의 용모를 닮은 이방원을 매우 사랑했다. 이방원 역시 아버지의 곁을 지키며 조선 건국에 큰 공을 세웠다.

조선 건국의 걸림돌 정몽주를 제거한 것도 이방원이었다. 정몽주는 이성계와 고려 개혁에 뜻을 같이하여 위화도 회군, 우왕과 창왕 폐위를 지지했지만, 이성계가 새로운 왕조를 세우려 한다는 것을 알고부터 반대편으로 돌아섰다.

이성계가 말에서 떨어져 자리에 눕게 된 틈을 타 정몽주는 정도전, 조준 등 이성계의 측근들을 탄핵하여 이성계의 세력을 약화시키려 했다. 그러자 이방원은 아버지의 반대를 무릅쓰고 정몽주를 살해할 계획을 세우고 부하를 시켜 선죽교에서 정몽주를 죽였다.

이 소식을 들은 이성계는 "너의 불효에

- 정몽주를 수행하다가 함께 화를 당한 수행원
- 정몽주를 살해하는 데 사용한 철퇴를 손에 들고 있는 조영규
- 이방원의 부하 조영규의 철퇴를 맞고 쓰러진 정몽주

정조 때 간행된 《오륜행실도》 중 정몽주를 죽이는 장면

고려를 지키려는 정몽주가 피살되면서 고려의 멸망은 피할 길이 없었어.

사약을 마시고 죽고 싶은 심정"이라며 크게 노하였다. 그러자 이방원은 "몽주 등이 장차 우리 집을 모함하려고 하는데, 어찌 앉아서 망하기를 기다립니까? 몽주를 살해한 것이 곧 효도가 되는 까닭입니다."라며 대답했다.

이방원에게 정몽주를 살해한 일은 역사에 두고두고 남는 큰 허물이 되기도 하고, 조선 건국의 장애물을 없앤 가장 큰 공이 되기도 했다.

먼 길 돌아 마침내 왕이 되다

왕이 앞장서 나라를 이끌어야 한다고 주장하며 많은 피를 본 태종은 성군인가, 폭군인가?

조선 건국에 큰 공을 세운 이방원이었지만, 건국 후에는 그 공을 제대로 인정받지 못했다. 개국 공신을 정할 때는 왕자라는 신분 때문에 빠졌고, 세자 자리는 열한 살 이복동생 이방석에게 빼앗겼다. 태조에게는 아들이 여덟 명 있었는데, 세자로 맏아들 격인 이방과도, 개국에 공이 많은 이방원도 아닌, 계비인 신덕 왕후 강씨의 아들 이방석이 책봉된 것이다. 이에 첫째 부인 신의 왕후 한씨가 낳은 왕자들, 특히 개국에 큰 공을 세운 이방원의 분노는 하늘을 찔렀다.

태조 7년인 1398년 8월, 기회를 엿보던 이방원은 군사를 일으켜 이복동생인 세자 이방석과 이방번, 세자 이방석의 스승이며 재상이 중심이 되는 정치를 펴야 한다는 정도전과 남은 등 공신 세력을 죽였다. 1차 왕자의 난이 일어난 것이다. 이후 태조가 정종에게 왕위를 물려주었지만, 실권은 이방원이 휘어잡았다.

그런데 1차 왕자의 난이 일어난 지 2년 만인 1400년 1월에 넷째인 이방간이 동생 이방원을 제거하면 자식이 없는 형 정종의 뒤를 이어 자기가 왕이 될 수 있으리라 생각해서 2차 왕자의 난을 일으켰다. 두 형제는 격렬하게 맞붙었고, 이방원이 승리하였다. 승리한 이방원은 다음 왕위를 이을 세자로 책봉되었고 이방간은 유배를 갔다. 그로부터 9개월이 지난 1400년 11월 11일, 정종은 왕세자 이방원에게 왕위를 물려준다는 교지를 내렸다.

이방원은 울면서 사양하였으나 정종은 "세자는 어려서부터 배우기를 좋아하여 이치에 통달하고 크게 공덕이 있으니, 마땅히 나를 대신하도록 하라."고 했다. 이방원은 선위를 받아들여 이틀 뒤 수창궁에서 즉위식을 거행했다. 이방원이 드디어 먼 길을 돌고 돌아 조선 제3대 왕위에 오르니 바로 태종이다.

모든 권력을 왕에게 집중하다

태종이 왕자의 난으로 실권을 잡은 뒤 맨 먼저 한 일은 사병을 없애는 것이었다. 고려 말 권문세족은 적게는 수십 명에서 많게는 수천 명까지 사병을 두었다. 조선이 건국된 뒤 여러 차례 사병을 없애려는 움직임이 있었으나, 공신과 왕자들은 사병을 거느리고 있었다. 태종도 1차 왕자의 난이 성공하기 전까지는 자신을 보호하고 왕위로 다가갈 수 있는 열쇠였기 때문에 사병 해체를 반대했다. 하지만 실권을 잡은 뒤에는 입장이 달라졌다. 사병은 언제라도 자신의 권력을 위협할 수 있는 무기였기 때문에 사병을 없애고 중앙군으로 통합하는 일은 가장 시급한 과제였다. 태종은 사병을 해체하여 삼군부에 속하게 하고, 여러 기관에 흩어져 있던 군사 업무를 묶는 등 군사 제도를 정비했다.

다음으로 태종은 나랏일을 결정하는 최고 의결 기구였던 도평의사사를 개편해 의정부로 바꾸었다. 하지만 의정부의 권한이 커지자 태종은 의정부의 일과 권한을 줄이고 대신 6조에 업무를 이관한 뒤, 1414년에는 6조에서 왕에게 직접 보고하고 지시를 받는 6조 직계제를 실시했다. '왕-의정부-6조'로 된 체계를 '왕-6조' 체제로 전환한 것이다. 실무를 맡는 6조의 권한과 책임을 늘리고 왕이 직접 6조를 통제하자, 정승들의 협의체였던 의정부의 힘은 약해졌고 왕권은 강해졌다. 이로써 모든 권력이 왕에게 집중되었으며, 중앙에서 직접 나랏일을 살피는 일도 쉬워졌다.

다시 한양으로

태조는 태조 3년에 수도를 개경에서 한양으로
옮겼으나 정종이 즉위하면서 다시 개경으로 되돌아갔다.
태종은 즉위하자 "개경은 왕씨의 옛 수도"라며 새로운 도읍지를
찾았다. 무악과 한양이 후보지로 떠올랐고, 태종은 한양으로 돌아갈 것을
결정하였다. 많은 반대가 있었으나 태종 5년인 1405년 9월 29일, 조선의 수도는 다시 한양으로 옮겨 갔다.

전국의 인구 동태를 파악하다

태종이 다음으로 한 일은 고려 말 조선 초의 혼란으로 이동이 잦아진 인구를 조사하는 것이었다. 가구 수와 인구를 파악하여 세금을 정확하게 물리고, 군역과 부역에 필요한 사람을 빠뜨리지 않고 동원하기 위해서였다. 어디에 누가 사는지, 나이는 몇 살인지 백성들을 일일이 조사한 뒤, 1413년에 호패법을 실시했다. 호패법은 16세 이상 남자는 호패를 의무적으로 차고 다니게 한 제도이다. 호패란 이름과 신분, 태어난 해, 만든 해 등을 새긴 오늘날의 주민등록증에 해당하는 것이다.

김희라는 사람이 기유년(1729년)에 태어나 계사년(1773년)에 문과에 급제했다는 사실이 새겨진 호패

그런데 백성들은 호패 받기를 꺼려 했다. 호패를 받으면 바로 호적과 군적에 올라 나랏일에 동원되거나 군대에 가야 했기 때문이다. 그래서 호패법은 태종 때 처음 실시된 이래 세조, 광해군, 인조 때도 시행되었으나, 나랏일에 동원되는 백성들의 반발 때문에 시행할 만하면 폐지되기 일쑤였다. 일부 양민들은 권세가의 노비로 위탁하기도 하여 나랏일에 동원되는 양인 수가 줄어들기도 했다. 호패법은 숙종 때에 이르러서야 지속적으로 시행되었다.

즉시 와서 북을 치라

태종은 즉위 다음 해인 1401년, 대궐 문루에 신문고를 설치하였다. 신문고 제도란 억울한 일을 관청에 호소해도 잘 풀리지 않으면 북을 쳐서 직접 왕에게 호소하고 해결할 수 있는 제도였다. 왕이 직접 백성의 생각을 듣고자 실시한 정책이었다. 하지만 신문고를 치는 사람은 그리 많지 않았다. 신문고를 치는 절차가 너무 번거로웠기 때문이다.

1. 수령에게 신고한다. 안 되면…

2. 관찰사에게 간다. 안 들어주면…

3. 사헌부로 간다. 안 들어주면…

4. 신문고 당직 관리에게 내용을 말한 뒤 문서로 써서 제출한다. 관리는 내용을 꼼꼼히 확인한 뒤 신문고를 치게 한다.

행정 구역을 정비하여 전국을 8도로 나누다

조선은 전국의 행정 구역을 고려 시대의 5도 양계에서 8도로 바꾸었는데, 영토가 고려보다 북쪽으로 크게 넓어졌기 때문이다. 각 도의 이름은 지역에서 가장 큰 두 고을의 머리 글자를 따서 지었는데, '강릉'과 '원주'의 이름을 합쳐서 강원도라 짓는 식이었다. 조선 초기부터 시작된 행정 구역 개편은 태종 때 확립되었으며, 이때 만들어진 8도의 이름을 지금도 쓰고 있다.

태종은 또 지방의 군현 제도를 다듬었다. 고려 시대에는 중앙에서 지방관을 일부 지방에만 보내 지방관 한 명이 몇 개 고을을 다스렸다. 그러다 보니 지방관이 직접 다스리지 않는 고을은 지방 향리가 다스렸다. 지방관이 직접 다스리는 곳은 주군, 주현이라 하고, 지방 향리를 통해 간접적으로 다스리는 곳은 속군, 속현이라 했는데, 속군과 속현이 훨씬 많았다. 조선에서는 속군과 속현을 줄여 나가다가 태종 때에 이르러 모든 고을에 지방관인 수령을 내려 보낼 수 있었다. 그 결과 중앙에서 지방이 돌아가는 사정을 파악하고 다스리는 중앙 집권 체제를 완비할 수 있었다.

8도 이름의 유래

평안도=평양+안주
함경도=함흥+경성
황해도=황주+해주
강원도=강릉+원주
경기도
충청도=충주+청주
전라도=전주+나주
경상도=경주+상주

백성을 수탈하는 비리가 완전히 사라지진 않았어. 중앙에서는 8도에 관찰사를 내려 보내 수령을 감독하였지.

신임 수령이 와 큰 잔치가 벌어졌다. 김홍도가 그린 〈평안감사향연도〉이다.

왕권에 도전하는 자, 가차 없이 처형하다

여러 차례 많은 피를 보고 왕위에 오른 태종은 왕위에 올라서도 왕권을 약화시키거나 위협할 가능성이 있으면 그가 누구라도 과감히 없앴다.

태종은 1406년에 세자인 양녕 대군에게 왕위를 물려주겠다고 선포해서 궁궐을 발칵 뒤집어 놓았다. 여러 날에 걸친 신하들의 반대로 거두어들이긴 했지만 왕위를 물려주겠다는 양위 소동은 그 후에도 몇 차례 더 이어졌다.

태종이 양위 소동을 일으킨 것은 공신들의 충성심을 실험하여 내 편이 누구인지 알아보기 위한 것이었다. 태종은 첫 번째 양위 소동에서 적극 반대하지 않은 처남들을 어린 세자를 끼고 나라를 쥐락펴락하려는 속셈이 있었다는 이유로 귀양 보냈다가 사약을 내려 죽였다.

왕위에 오를 때 큰 공을 세운 공신 이숙번도 명을 어기자 가차 없이 공신 직위를 거두고 유배 보냈다. 얼마 뒤에는 옛 공신들을 모두 은퇴시켜 버렸다.

심지어 세자인 양녕 대군이 반항심으로 어긋난 행동을 보이자, 양녕 대군을 세자에서 폐하고 셋째인 충녕 대군(세종)을 세자로 책봉하기까지 했다.

태종은 자신에게 대항하는 세력뿐 아니라 세종이 훗날 외척에 휘둘리지 않도록 미리 대비한답시고 세종의 장인인 심온 일가를 모두 죽이고 그 아내와 딸들을 노비로 만들었다.

악역을 마다하지 않고 피바람을 일으켜 온갖 비난을 받으면서도 조선의 기틀을 튼튼하게 다진 태종은 세종 4년인 1422년에 눈을 감았다. 무자비한 면도 있지만, 안정된 왕권을 세종에게 물려주어 세종 시대를 조선 최고의 태평성대로 이끌 발판을 만들었다는 평가를 받고 있다.

3대 태종 · 37

조선은
땅도 기후도 사람도
중국과 다르다.

 나를 아는 데 필요한 정보 ⑦

진정한 학자 군주이다!!!

① 나 이도는 1397. 4. 10.~1450. 2. 17.까지 살았고, 1418. 8. 10.~1450. 2. 17.까지 왕이었다.
② 나는 셋째 아들로 왕이 되었다.
③ 나를 키운 가장 훌륭한 스승은 책이다.
④ 우리글 '훈민정음'을 만들었다.
⑤ 우리 땅에 맞는 우리 농사법을 정리해《농사직설》을 펴냈다.
⑥ 우리 달력 '칠정산'과 조선의 표준 시계 '자격루'를 만들었다.
⑦ 우리 음악과 우리 악기를 만들고, 압록강과 두만강까지 우리 땅을 넓혔다.

4대 세종

조선은 중국과 다르다

여러분은 일상생활에서 나와 자주 마주칠 거야. 교과서에서, 인물 이야기에서, 역사책에서, 도시나 거리 이름에서. 하다못해 만 원짜리에서라도 한번쯤은 보았을걸? 이 책을 읽는 순간에도 여러분은 어김없이 나와 만나고 있어. 벌써 눈치챘나? 맞아. 이 책에 줄줄이 나오는 한글, 바로 내가 만든 우리글이야. 그뿐인가. 간의, 앙부일구, 측우기, 자격루, 편경, 종묘 제례악…. 열 손가락에 열 발가락까지 합쳐도 내가 이룬 업적을 다 못 꼽지. 그런데 이 모든 걸 중국 것을 베끼지 않고, 우리 조선의 힘으로 만들었어. 정말 대단하지 않아? 게다가 오롯이 조선과 백성을 사랑하는 마음 하나로 우리 조선의 실정에 맞게 일구어 냈지. 사람들은 당시 우리 조선의 과학과 문화가 세계적인 수준에 이르렀다고 해. 후세 학자들도 내가 다스리던 시절이 조선 문화의 황금기였고, 최고 태평성대였다고 평가하고. 나 세종 말고 어느 임금이 이런 크나큰 영광을 누렸겠어. 여러분도 내가 자랑스럽지?

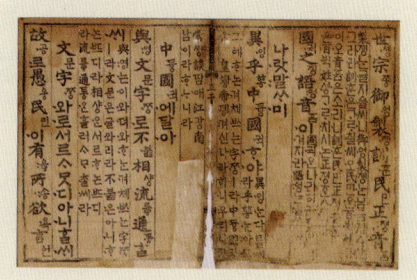

《훈민정음언해본》은 《훈민정음해례본》의 서문과 '예의' 편만 한글로 풀어쓴 책이다. 한자를 몰라 불편해 하는 백성들에게 배우기 쉽고 쓰기 편한 글자를 만들어 주고 싶어 한 세종의 백성을 사랑하는 마음이 고스란히 담겨 있다.

셋째 아들로 왕이 되다

충녕 대군은 태종의 셋째 아들이다. 태종은 원칙대로 맏아들 양녕 대군을 세자로 삼았다. 그런데 양녕 대군은 성격이 호탕해 공부보다 산과 들로 다니며 말 타고 사냥하는 걸 더 즐겼다. 양녕 대군이 점점 공부를 게을리하자, 신하들의 불만이 날로 높아 갔다. 세자를 바꾸자는 의견이 곳곳에서 터져 나왔다. 태종은 고민 끝에 세자를 바꾸기로 마음먹었다. 신하들은 '어진이' 충녕 대군을 세자로 삼자고 했다. 태종의 마음도 충녕 대군에게 쏠렸다.

태종은 1418년 6월, 충녕 대군을 세자로 책봉했다. 그리고 두 달이 채 못 되어 왕위를 물려주기로 결정했다. 충녕 대군은 옷소매가 다 젖도록 울며불며 사양했으나, 태종은 강제로 옥새를 들려 주고 익선관을 씌워 주었다. 우리 민족 최고의 지도자로 꼽는 세종이 왕위에 오르는 순간이었다.

세종은 나라의 근본이 튼튼하여 백성이 평안하고, 문화가 꽃핀 나라를 만들고 싶었다. 그러려면 무엇보다 세종의 뜻을 헤아려 함께 연구하고 나랏일을 펼쳐 나갈 훌륭한 인재들이 필요했다. 세종은 집현전을 확대하여 인재를 불러 모아 차근차근 준비해 나아갔다.

> 책에 체했다는 말은 못 들어 봤지만, 책에 취한 건 분명해!!

충녕 대군은 모든 책을 30번씩 읽을 만큼 책을 좋아한 책벌레였다. 특히 유교 사상을 담은 경서는 백 번씩 읽었다. 태종은 충녕 대군이 너무 책만 보자 건강을 해칠까 염려하여 책을 모두 치우라고 했다. 그런데 어쩌다 책 한 권이 빠졌다. 충녕 대군은 그 책을 몰래 병풍 뒤에서 천 번을 읽었다고 한다.

우리 땅에는 우리 농사법을

관리들이 지혜가 많고 농사 경험이 풍부한 농사꾼을 찾아 방방곡곡을 뒤지느라, 조선 팔도가 들썩거렸다. 도대체 무슨 일 때문일까?

세종은 나라의 근본은 백성이고, 백성의 하늘은 먹을거리라 여겼다. 백성의 삶이 편안해야 나라도 안정을 이룰 수 있었다. 세종은 조선 땅에 맞는 최고의 농사법을 모아 백성에게 가르치면, 지금보다 수확량이 늘어 백성은 보다 배불리 먹을 수 있고 나라 살림도 튼튼해질 수 있다고 생각했다. 태종 때 만든 농사책이 있었지만, 중국의 농사법을 간추린 것이라 조선 땅에는 맞지 않았다. 같은 방법으로 씨를 뿌리고 김을 매고 좋은 거름을 주어도 중국과는 땅과 기후가 다르니, 생각만큼 거두어들이지 못했다.

세종은 조선 땅과 기후에 맞는 농사법을 정리하는 것이 무엇보다 중요하다고 생각했다. 그래서 각 지방 관리들에게 지역별로 농사법을 자세히 조사해 올리도록 했다. 그리고 이를 묶어 조선의 농사법을 지역별로 한눈에 알 수 있게 정리하라고 일렀다. 이렇게 하여 1429년에 우리 손으로 엮은 최초의 우리 농사책인 《농사직설》이 나왔다.

《농사직설》에는 각 지방의 땅과 기후, 물, 지형을 꼼꼼히 밝혀 놓았다. 뿐만 아니라 어떤 땅에 어떤 곡식을 심어야 하는지, 김은 어떻게 매고 거름은 어떻게 주어야 하는지 등 한 해 농사에 필요한 모든 것을 자세히 적어 놓았다. 《농사직설》에 따라 농사를 짓는다면 백성은 물론, 나라 살림도 튼튼히 할 수 있었다. 세종은 《농사직설》을 널리 퍼트리는 데 온 힘을 기울였다.

우리 달력 '칠정산'

농사를 잘 지으려면 씨 뿌리는 때, 김매는 때, 거둘 때를 정확히 알아야 한다. 하지만 중국 달력을 빌어다 쓰다 보니, 조선의 상황에는 잘 맞지 않았다. 세종은 북경이 아닌 우리 하늘을 기준으로 삼은 우리의 달력 '칠정산'을 만들었다. 칠정산 덕에 보다 정확한 절기와 계절의 변화를 예측하여 농사를 지을 수 있게 되었다. 칠정산을 보면 한양의 위도는 38도 25분, 일 년은 365.2425일, 한 달은 29.5303931로 계산했다. 오늘날과 비교해 보아도 거의 차이가 없을 만큼 정확하다. 1444년에 펴낸 우리 민족 최초의 역법서인 《칠정산내편》(오른쪽)과 《칠정산외편》(왼쪽)이다.

최초로 여론 조사를 실시하다

세종은 태종 때부터 해 오던 토지 조사를 실시했다. 또 세금을 거둘 수 있는 땅이 얼마나 되는지, 한 해 수확량은 얼마인지 꼼꼼히 조사했다. 그리고 이를 바탕으로 새로운 세금 기준을 만들라고 호조에 명했다. 1430년에 호조에서 논밭 1결마다 곡식 30말씩 거두던 세금을 10말로 내리자는 안을 냈다. 세종은 호조의 안을 놓고 전국에 걸쳐 여론 조사를 하라고 다음과 같이 지시했다.

"6조는 물론 각 관청, 도성 안의 현직 관리, 전직 관리, 각 도의 감사, 각 고을의 수령과 관리부터 가난한 백성에 이르기까지 모두에게 찬성하는지 반대하는지 물어서 아뢰거라."

각 지방에서는 아전들이 집집마다 찾아다니며 백성들의 의견을 물었다. 역사상 최초로 벌인 전국적인 여론 조사였다. 1430년 3월부터 8월까지 모두 17만여 명의 의견을 모았는데, 찬성 98,657명, 반대 74,149명이었다.

세종은 다시 반대하는 자는 왜 반대하는지 물어보고 고치기를 거듭했다. 마침내 1444년에 새로운 기준으로 세금 제도를 만드니, 바로 '공법'이다.

새로운 세금 제도, 공법

공법은 세금을 걷는 기준을 두 가지로 정했다. 첫째는 땅이 기름지고 거친 정도에 따라 6등급으로 나누어 세금의 양을 정했다. 둘째는 한 해 농사가 잘되고 잘못된 정도에 따라 9등급으로 나누어 세금의 양을 정하되 해마다 조절했다. 백성들은 세금 부담이 줄자, 공법을 크게 반겼다.

자동 물시계를 만들다

궁궐이 발칵 뒤집혔다. 5경(새벽 3시~5시)에 군사를 모아 변방으로 보내야 하는데, 한참 뒤에야 둥둥둥 북이 울렸다. 물시계를 지키던 관리가 북을 쳐 제때 시각을 알려야 하는 데 때를 놓친 것이다. 화가 난 세종은 관리를 내쫓았다. 이처럼 관리가 깜박 졸거나 시간을 잘못 계산해 북을 제때 못 치는 경우가 가끔 있었다. 세종은 궁리 끝에 자동으로 시각을 알려 주는 자동 물시계를 만들라는 명을 내렸다.

늘 임금의 머리와 손이 되어 준 정인지, 정초, 장영실이 머리를 맞대었다. 정인지와 정초는 중국 자동 물시계의 원리, 장점과 단점을 꼼꼼히 정리했다. 장영실은 물시계에 시간을 계산하는 장치와 저절로 시각을 알려 주는 장치를 다는 방법을 찾으려고 중국을 몇 번씩 다녀왔다. 1434년에 마침내 때가 되면 저절로 시각을 알려 주는 자동 물시계가 세상에 나왔다. 세종은 "이 물시계를 '자격루'라 부르고, 보루각에 두고 조선의 표준 시계로 삼으라."고 했다.

자격루의 자동 시보 장치

① 물 항아리 : 물을 공급하는 항아리로 흘려보내는 물의 양과 세기가 항상 똑같도록 한다.
② 물받이 항아리 : 물받이 항아리에 물이 올라오면 부표가 위로 떠오른다.
③~⑤ 작은 구슬, 큰 구슬이 굴러 들어가 시각을 알리는 장치를 건드린다.
⑥ 자동 시보 장치 : 구슬이 신호를 주면, 일정한 시각에 인형이 나타나 종을 친다.
⑦ 숨어 있던 12지신 동물이 아래 문에 나타나 시각을 알려 준다.
닭은 유시(오후 5시~7시)를 나타낸다.

우리글을 만들다

우리나라 역사는 수천 년이 되었지만 여태껏 우리글이 없었다. 입으로는 우리말을 하면서, 글은 중국의 한자를 빌어다 썼다. 그런데 한자는 우리말에 맞지 않고 소리와 뜻을 익히는 데도 오랜 시간이 걸려, 백성들은 글을 배울 엄두조차 내지 못했다. 양반이나 글을 배울 수 있었고, 글을 아는 양반은 지식과 정보를 독점했다. 세종은 생각했다.

"입으로 말하는 소리 그대로 적을 수 있는 우리글을 만들어, 누구나 쉽게 쓸 수 있게 해야만 백성과 소통할 수 있다."

3년의 노력 끝에 1446년에 새 글의 원리와 사용법이 실린 '훈민정음'이 반포되었다. 새 글자 28자를 요리조리 짜 맞추면, 개 짖는 소리부터 바람 소리까지 그대로 옮겨 적을 수 있었다. 배우기도 쉬워 "지혜로운 사람은 반나절이면 익히고, 어리석은 사람도 열흘이면 깨칠 수 있다."고 했다. 비로소 수천 년 만에 우리말에 딱 맞는 우리글을 갖게 된 것이다.

하지만 훈민정음이 반포되자 많은 신하들이 "예부터 중국의 제도를 본받아 왔는데 혹시라도 중국에서 시비를 걸어올까 두렵습니다.", "관리들이 훈민정음만 익히다 보면 한자로 된 학문 공부를 소홀히 할 것입니다."라며 반대했다. 그러나 세종은 뚝심 있게 밀어붙였고, 새 글은 점차 백성들 사이에 널리 퍼져 나갔다.

세종의 훈민정음 퍼뜨리기 작전

훈민정음으로 쓴 책 발간

죄수들의 조서나 판결문, 왕의 교서를 한자와 훈민정음 두 가지로 쓰기

관리를 뽑는 시험 과목에 훈민정음 추가

국방을 튼튼히 하다

세종은 국방을 챙기는 일도 게을리하지 않았다. 조선보다 문화가 앞선 명나라와는 사대 관계를 더욱 돈독히 했고, 조선보다 문화가 뒤진 일본, 여진은 으르고 달래 가며 관계를 안정시켰다.

1. 압록강과 두만강까지 우리 땅으로 만들다

조선은 여진족이 식량을 얻으려고 노략질을 일삼는 것이라 여겼다. 그래서 여진족의 요구를 들어주고 무마하는 방식으로 해결했다. 갈수록 여진족의 요구가 심해지자, 세종은 여진족을 정벌하기로 결심했다. 세종은 최윤덕을 압록강 연안에, 김종서를 두만강 연안에 보내 여진족을 몰아내고 4군과 6진을 설치했다. 비로소 압록강과 두만강까지 우리 땅이 되었다. 김종서가 6진을 개척한 것을 기념하여 그린 〈야연사준도〉로,《북관유적도첩》에 실려 있다.

2. 사대를 실천하다

명나라는 조선에 많은 공물을 요구했다. 처녀, 매와 사냥개, 사슴 가죽 등 일일이 꼽기도 어려울 지경이었다. 심지어 여자 요리사도 보내라고 하여 처녀들을 모집해 요리사 교육을 시켜 보내기도 했다. 세종은 명나라의 요구를 대부분 들어주며, 명나라와 안정적인 관계를 이어 갔다. 조선 사신이 일을 마치고 귀국하는 것을 명나라 관리가 배웅하는 모습을 담은 〈송조천객귀국시장도〉이다.

3. 통신사를 보내 일본의 정세를 파악하다

세종 초기 왜구의 침범이 잦자 이종무를 보내 왜구의 소굴인 쓰시마 섬을 정벌했다. 이후 세종은 일본에 통신사를 보내 일본의 정세와 사정을 살폈다. 세종은 그 뒤 두 차례 더 통신사를 보내 일본과 관계를 안정적으로 맺어 나갔다. 숙종 대인 1711년에 일본에 파견한 조선 통신사 일행의 위풍당당한 모습을 기록한 〈조선통신사행렬도〉 가운데 일부이다.

역시 국방이 튼튼해야 나라가 평안하지.

조선 문화의 황금기를 일군 사람들

우리 역사에서 가장 훌륭한 왕으로 손꼽히는 세종. 조선 시대 최고 성군 소리를 들으며 태평성대를 일군 세종 곁에는 세종의 꿈을 이해하고, 자신의 능력을 모두 쏟아부은 빼어난 인재들이 많았다.

황희(1363~1452)
특징 : 조선 최장수 명재상
별명 : 이 말도 옳고, 저 말도 옳고
업적 : 고려가 망하자 벼슬을 버리고 은둔하다 태조의 요청으로 다시 벼슬길에 올랐다. 세종이 "모든 것을 황희와 논하라."고 할 만큼 일 처리하는 솜씨가 뛰어났다. 논쟁이 벌어질 때마다 "이 말도 옳고, 저 말도 옳다."고 해서 뒷말을 듣기도 했는데, 원칙을 지키며 최선의 방법을 찾으려고 노력했기 때문이다. 무엇보다 황희가 24년 동안 명재상으로 이름을 날릴 수 있었던 것은 위아래 가리지 않고 누구와도 소통할 수 있는 넓은 아량과 덕망을 갖추었기 때문이다.

김종서(1383~1453)
특징 : 문무를 두루 갖춘 용장
별명 : 북방의 호랑이
업적 : 북방의 여진족을 몰아내고 6진을 개척해 두만강까지 우리 땅을 넓혔다. 세종은 "비록 내가 있더라도 김종서가 없었다면 이 일을 해낼 수 없었을 것이다. 또 비록 김종서가 있더라도 내가 없었다면 이 일을 주장하지 못했을 것이다."라며 김종서에 대한 믿음을 보여 주었고, 북방을 개척한 공을 높이 샀다. 원래 문신 출신으로,《고려사절요》를 편찬할 만큼 학문에도 뛰어났다.

정인지(1396~1478)
특징 : 세종의 훈민정음 창제를 이해한 유일한 신하
별명 : 세종의 자존심
업적 : 세종 때 나온 수많은 책을 펴낸 학자이자 문신이다. 세종에게 "소리가 있으면 반드시 그 소리를 적을 수 있는 글자가 있사옵니다. 밀어붙이시옵소서."라며 훈민정음을 만드는 데 든든한 지원군이 되었다. 세종 또한 "정인지만이 이 모든 것을 의논할 수 있는 유일한 신하이다."라고 할 만큼 누구보다도 정인지에 대한 믿음이 두터웠다. 하지만 수양 대군이 단종을 몰아내는 것을 도운 뒤 재물과 권력을 탐해 그 이름을 부끄럽게 했다.

세종의 뛰어난 능력을 딱 하나 꼽자면, 인재를 보는 눈!

나 세종이 아무리
뛰어난 학자 군주인들
저들이 없었다면?
생각만 해도 아찔하군.

신숙주(1417~1475)
특징 : 7개 국어에 능통한 언어학의 천재
별명 : 동방의 거벽
업적 : 명나라 음운학자 황찬의 도움을 얻으려고 성삼문과 함께 열세 차례나 요동을 다녀오는 등 세종이 훈민정음을 만드는 데 큰 공을 세웠다. 명나라 사신들이 신숙주의 시를 보고 '동방의 거벽'이라 부를 만큼 시에도 뛰어났다. 세종이 입고 있던 담비 옷을 덮어 줄 만큼 극진한 사랑을 받았다. 수양 대군 편에 서서 단종을 몰아냈다. 뒷날 쉬 상하는 녹두나물이 숙주나물로 이름이 바뀔 만큼 변절자의 표본이 되었다.

박연(1378~1458)
특징 : 어디서나 까딱거린 음악 천재
별명 : 조선의 악성, 피리의 명수
업적 : "앉아서나 누워서나 양손으로 악기 다루는 시늉을 하고 입으로 소리를 울렸다."는 기록이 있을 만큼 음악에 대한 열정이 대단해, 신분의 귀천을 가리지 않고 사람을 찾아다니며 악기를 배웠다. 세종의 명으로 음의 표준을 잡는 황종척과 편경을 만들어 악기를 국산화했다. 또 우리 음악을 정리해 국가 행사에 쓰도록 했다.

장영실(?~?)
특징 : 관의 노비에서 대호군까지 오른 조선 최고의 과학 기술자
별명 : 세종의 황금 손
업적 : 혼천의, 앙부일구, 자격루, 측우기 등을 만들어 세계사에 우뚝 선 조선의 과학 문명을 일군 조선 최고의 과학 기술자이다. "영실은 재주만 정교하고 뛰어난 것이 아니라 명민하기가 보통이 넘는다. 정진하라."는 세종의 격려는 장영실을 조선 최고의 과학 기술자로 만드는 데 큰 힘이 되었다. 하지만 《조선왕조실록》에는 장영실 개인에 대한 기록이 단 한 줄도 안 나온다. 조선 최고의 과학 기술자로 세종의 사랑을 듬뿍 받았지만, 어머니가 동래 관아에 속한 관기였기 때문이다. 아버지는 원나라에서 귀화한 화포장으로 동래 부사를 지냈다고 한다.

나를 아는 데 필요한 정보 ❼

① 나 이향은 1414. 10. 3.~1452. 5. 14.까지 살았고, 1450. 2. 17.~1452. 5. 14.까지 왕이었다.
② 풍모는 관운장(관우) 같았으나 날 때부터 허약해 아버지 세종의 애를 무던히도 태웠다.
③ 조선 왕조 최초로 적장자로 왕위에 올랐다.
④ 아버지 세종이 질문할 때마다 막힘이 없을 만큼 똑똑했다.
⑤ 무예가 뛰어났고, 국방에 관심이 많아 '문종화차'를 만들었다.
⑥ 문장과 글씨도 빼어나 내로라하는 집현전 학사들이 서로 베껴 쓰려고 난리였다.
⑦ 아들 단종은 수양 대군의 칼날에 목숨을 잃고, 딸은 관청의 노비가 된 비운의 아버지였다.

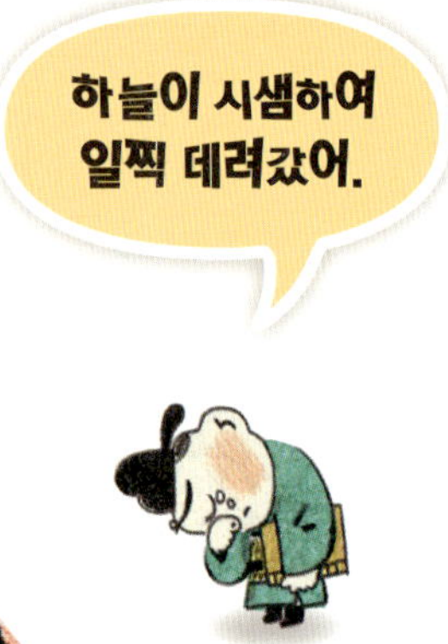

하늘이 시샘하여 일찍 데려갔어.

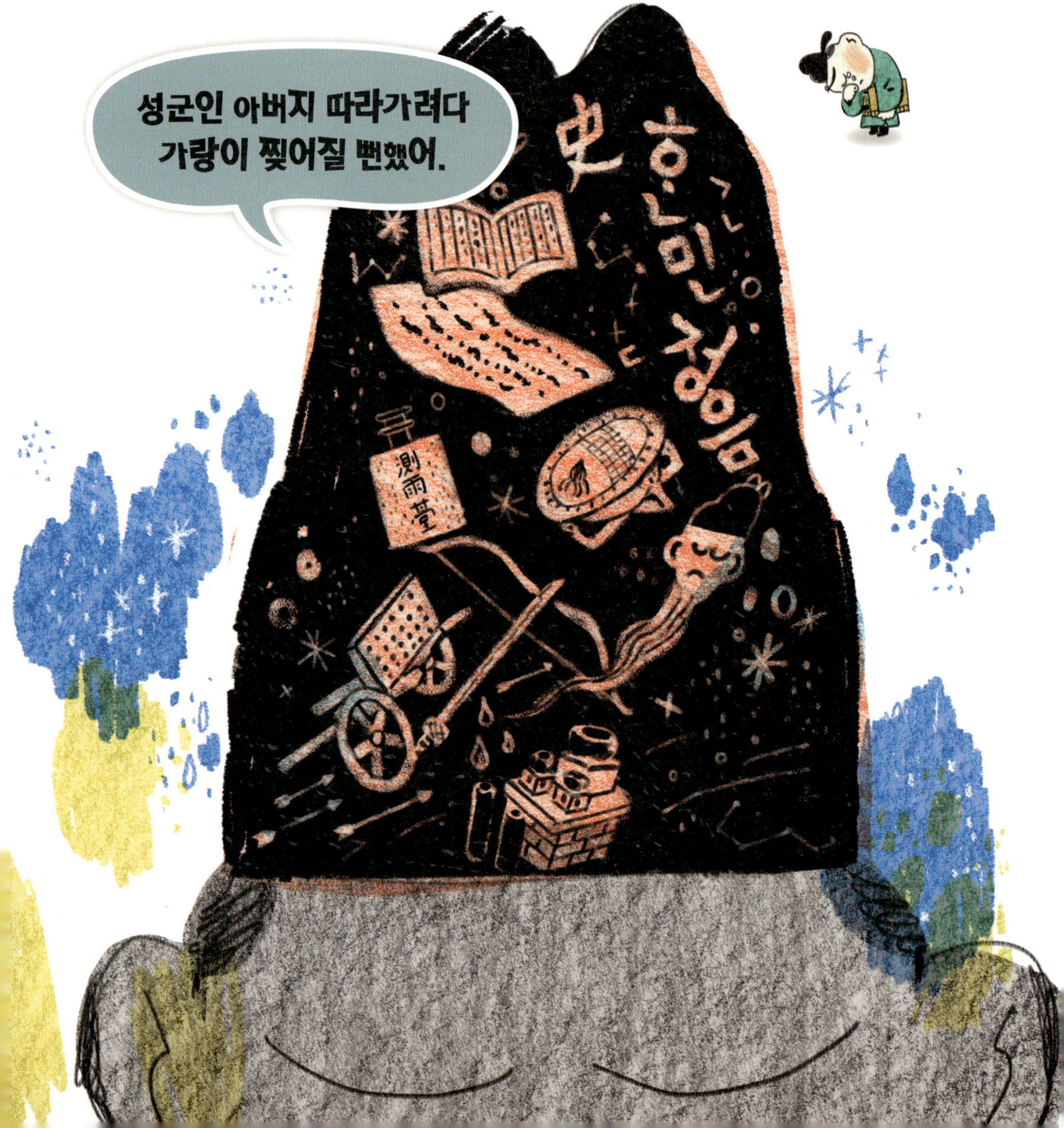

성군인 아버지 따라가려다 가랑이 찢어질 뻔했어.

5대 문종

아버지 세종의 뜻을 이어받다

문종, 내 묘호만 보면 비리비리하고 책만 판 왕처럼 느껴지지 않아? 그래, 나 문종은 아버지 세종을 쏙 빼닮아 책벌레였어. 하지만 이런 내 모습은 빙산의 한 귀퉁이일 뿐. 나는 문무와 예체능은 물론 과학과 천문, 산술과 역법까지 두루두루 통달한 팔망미인이었어. 아버지가 이런 날 그냥 둘 리가 있겠어? 미리 왕 연습 시킨다는 핑계로 엄청 부려 먹었지. 여러분이 쓰는 한글도 함께 만들고 측우기 같은 발명품도 내 머리를 빌렸어. 성군 자질을 타고난 데다 조선의 으뜸 왕 소리를 듣는 아버지 옆에서 통치력을 익혔으니, 백성의 기대를 한 몸에 받으며 왕위에 올랐지. 나는 백성의 삶을 보살피려면 무엇보다 나라가 튼튼해야 한다고 여겼어. 그래서 새로운 무기를 만들고 군사 제도를 가다듬었지. 하지만 의욕만큼 몸이 따라 주지 않더군. 결국 왕위에 오른 지 2년 3개월 만에 세상을 뜨고 말았네. 세자가 너무 어려 마음이 안 놓이지만, 신하들이 잘 보필해 주리라 믿어.

《세종실록》1441년 4월 29일 기록을 보면 "몇 해째 가뭄이 심하여 세자가 크게 근심했다. 세자는 비가 온 뒤에 땅을 파고 젖어 들어간 깊이를 재었으나 정확히 푼수를 알 수 없었다. 그래서 구리로 만든 원통형 기구를 궁궐에 설치하고, 고인 빗물의 푼수를 조사했다."고 나온다. 이 기록으로 보아 비의 양을 재는 세계 최초의 측우기는 문종의 머리에서 나왔고, 장영실의 손끝에서 빚어졌음을 알 수 있다. 정조 대인 1782년에 만든 측우기이다.

아버지 세종을 쏙 빼닮다

문종은 세종과 소헌 왕후의 맏아들로 태어나 여덟 살 때 세자가 되었다. 정통성이 확실한 적장자였다. 게다가 성품과 자질까지 세종을 빼쏘았다. 글씨도 잘 쓰고 그림도 잘 그렸는데, 문장이 특히 뛰어났다. 어느 날, 문종이 귤을 소반에 담아 직접 지은 시와 함께 집현전 학사들에게 보냈다. 그런데 시와 글씨가 어찌나 빼어난지 학사들이 앞다투어 베껴 쓰느라 야단법석이 났다. 이대로만 간다면, 성군 소리 듣는 건 따 놓은 당상이었다.

문종은 일찍부터 세종을 도와 재능을 떨쳤는데, 특히 과학과 천문 분야는 따를 자가 없었다. 천둥이 치는 날, 천둥이 몇 시에 어느 쪽에서 친다고 하면 족집게같이 들어맞았다. 그래서 세종은 거둥할 때마다 문종에게 날씨를 물어보곤 했다. 문종은 건강이 나빠진 세종을 대신해 1445년 5월부터 인사와 군사 일을 빼고는 직접 나라를 다스리기 시작했다. 그런데 일 처리하는 솜씨가 어찌나 꼼꼼하고 정확한지 신하들이 혀를 내두를 정도였다.

게다가 효심과 우애도 깊어서 세종과 소헌 왕후를 극진히 섬겼고, 스물이 넘는 동생들까지 살뜰히 보살폈다. 그러고도 모자라 밤을 새워 가며 공부하고 궁리했다. 오죽하면 신하들이 "몸과 마음이 편안하면 병이 나고 밤늦도록 일을 하면 피로를 잊는 사람."이라고 했을까. 하지만 일에 치여 안 그래도 약하던 몸이 점점 더 약해졌다.

세자 시절부터 화약 무기에 관심을 쏟은 문종은 두 바퀴가 달린 수레 위에 총통기나 신기전기 같은 화약 무기를 올려놓는 신무기를 개발했다. 이를 '문종화차'라고 하는데 우리 손으로 만든 독창적인 무기였다.

와~! 화살이 바처럼 쏟아지네.

4군 6진에 190대를 설치해 여진 놈들을 박살 냈다잖아.

사쳇말로 로켓이구먼.

나라가 튼튼해야 백성이 평안하다

1450년 2월, 세종의 뒤를 이어 서른일곱 살의 문종이 왕위에 올랐다. 품성과 자질을 갖춘 데다 세종 옆에서 특별 수업을 받았으니 안팎으로 거는 기대가 자못 컸다. 문종은 세종이 일군 태평성대를 잘 지켜 나가는 게 자신이 할 일이라 여겼다. 그러려면 무엇보다 나라가 튼튼하고 백성이 평안해야 했다.

문종은 즉위하자마자 국방부터 챙겼다. 1450년 3월에는 고조선 때부터 우리나라와 중국 사이에 벌어진 전쟁을 정리해 《동국병감》을 펴냈다. 《동국병감》은 역사를 거울 삼아 강한 나라를 만들고 싶어 한 문종의 꿈이 녹아 있는 병서였다. 1451년 2월에는 '문종화차'라는 최신식 무기를 만들어 주요 지역에 두었다.

문종은 한발 더 나아가 조선을 문과 무가 조화를 이룬 나라로 만들고 싶었다. 그래서 1451년 8월, 고려 시대를 정리한 《고려사》를, 이듬해에는 《고려사절요》를 펴냈다. 하지만 갈수록 몸이 따라 주지 않았다. 날 때부터 약한 데다 몸을 돌보지 않고 나랏일에 매달린 탓이었다. 결국 문종은 왕이 된 지 2년 3개월 만인 1452년 5월 세상을 뜨고 말았다. 뛰어난 능력을 갖춘 젊은 왕이 뜻도 제대로 못 펴 보고 죽자 신하들의 통곡 소리가 궁궐을 흔들었다. 백성들은 열두 살 나어린 세자를 두고 떠난 젊은 왕의 죽음이 못내 서러워 세종이 죽었을 때보다 더 슬퍼했다.

왕이 직접 화차를 개발한 건 세계에서 처음일 거야. 0.3밀리미터까지 계산했다니, 대단한 분이지.

나를 아는 데 필요한 정보 ❼

❶ 나 이홍위는 1441. 7. 23.~1457. 10. 21.까지 살았고, 1452. 5. 18.~1455. 6. 11.까지 왕이었다.
❷ 조선 왕조 500년 중 가장 귀하게 태어난 몸. 세손-세자-왕에 상왕까지 다 거친 사람은 나밖에 없다.
❸ 품성이 영특하고 밝아서 세종 할아버지의 기대를 한 몸에 받았다. 성군의 자질을 타고 난 셈이다.
❹ 어린 내가 열두 살에 왕위에 오르자 작은아버지들이 왕위를 호시탐탐 노렸다.
❺ 그중 수양 대군에게 왕위를 빼앗기다시피 물려주고 열다섯 살에 상왕이 되었다.
❻ 나를 다시 왕위에 올리려는 움직임이 발각되어 영월로 유배된 후 얼마 못 살았다.
❼ 숙종 때 명예 회복되어 단종이라는 묘호를 얻었다.
250여 년 간은 왕 축에도 못 들었다.

> 능력 있는 숙부를 둔 게 죄라면 죄.

호랑이 숙부 탓에….

6대 단종

삼촌에게 왕위를 뺏기다

쉬 상하기로 유명한 녹두나물에 사람 이름이 붙은 것은 나를 버리고 작은아버지를 택한 천재 학자 때문이야. 그 사람이 누구냐고? 신숙주야. 신숙주가 버린 나는? 조선 6대 왕 단종이야. 나 때문에 사육신이니 생육신이니 하는 말이 생겼지. 세종 할아버지의 삼년상이 끝난 지 한 달도 지나지 않아 아버지 문종마저 세상을 떠나고…. 아버지를 잃은 슬픔에 빠질 겨를도 없이 열두 살에 왕이 되었어. 하지만 오래가지 못했어. 아버지의 삼년상이 끝날 즈음 작은아버지 수양대군에게 왕위를 넘겼어. 아니 빼앗겼어. 작은아버지는 울며불며 왕위를 사양하는 척했지만, 쇼라는 걸 온 천하가 다 알았지. 성삼문, 박팽년 같은 충신들은 작은아버지를 내쫓고 나를 다시 왕으로 세우려고 거사를 준비했어. 하지만 거사가 탄로 나면서 내 앞에는 가시밭길이 펼쳐졌지. 멀고 먼 강원도 영월 땅으로 유배되어 열일곱 살에 짧은 생을 마감해야 했거든.

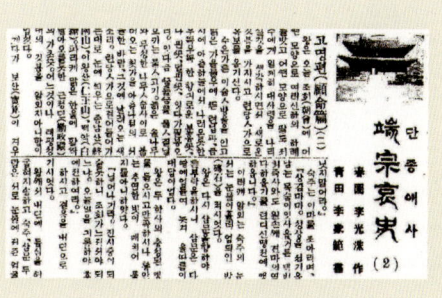

이광수는 〈동아일보〉에 1928. 11. 30.~1929. 12. 1. 까지 단종을 주인공으로 한 소설 〈단종애사〉를 연재했다. 12세에 왕위에 오른 단종이 세조에게 왕위를 뺏기고 귀양지인 강원도 영월에서 죽은 슬픈 역사를 충실하게 썼다. 이광수는 이 소설에서 세조를 너무 나쁘게 썼다고 생각했던지 10여 년 후에는 〈세조 대왕〉을 쓰기도 했다. 사진은 〈단종애사〉가 연재될 당시의 〈동아일보〉이다.

적장자 단종의 불안한 왕위 계승

세종 23년인 1441년 7월, 궁궐에 큰 경사가 났다. 세자빈 권씨가 원손인 단종을 낳은 것이다. 할아버지 세종은 크게 기뻐하며 2급 이하의 죄수를 풀어주는 대사면령을 내렸다. 그러나 기쁨도 잠시, 다음날 세자빈 권씨는 병으로 숨을 거두었다.

태어나자마자 어머니를 잃었지만 단종은 세종도 감탄할 정도로 매우 총명하게 자랐다. 아버지 문종이 왕위에 오르면서 세자가 된 단종은 후계자 수업을 차근차근 받고 있었다.

걱정이라면 문종의 건강이 날로 나빠지고 있다는 사실이었다. 결국 문종은 어린 세자를 남겨 두고 눈을 감았고, 세자가 열두 살에 왕이 되니, 바로 단종이다.

왕이 어리면 대비나 대왕대비가 후견인이 되어 수렴청정을 하지만, 단종은 할머니와 어머니가 모두 죽어 돌봐 줄 어른이 없었다. 문종은 유언으로 영의정 황보인, 우의정 김종서, 집현전 학사를 지낸 성삼문, 박팽년, 신숙주 등에게 어린 임금을 잘 보필하라고 명하였다. 이들은 단종을 충심으로 도왔지만 자신들의 야심을 이루기 위해 권력을 함부로 쓰기도 했다.

게다가 수양 대군을 비롯하여 안평 대군, 금성 대군 등 야심만만한 작은아버지들이 둘러싸고 있어서 단종의 왕위는 불안할 수밖에 없었다.

황표정사의 진실

조선 시대 관리를 임명할 때는 3~4명의 후보 이름을 왕에게 적어 올린다. 그러면 왕이 한 명을 정하여 그 밑에 점을 찍었다. 이것을 '점을 찍는다'하여 '낙점'이라 하였다. 그런데 단종은 아무것도 모르는 어린애라 의정부 대신들이 미리 황표 즉 노란 점을 찍어두면 그 위에 낙점만 할 뿐이었다는 것이 '황표정사'이다. 이것만 보면 단종이 의정부 대신들이 시키는 대로 하는 허수아비 왕으로 보인다. 하지만 《단종실록》의 이 기록에 대해서는 반론도 있다. 단종이 아무것도 모르는 어린애이며 왕 노릇을 제대로 하지 못했다는 것을 나타내기 위해 세조 측에서 크게 부풀리거나 꾸민 것일 수도 있다는 주장이다.

왕위를 뺏기고 죽음으로 내몰리다

의정부 대신들과 야심만만한 작은아버지들 사이에서 단종의 하루하루는 위태로운 줄타기나 마찬가지였다. 단종이 왕위에 오른 지 1년 남짓 지난 1453년 계유년에 수양 대군이 왕위를 노리고 첫 번째 공격을 개시했다.

군사를 동원해 궁궐을 장악한 뒤 김종서, 황보인 등이 자신의 동생 안평 대군과 함께 왕위를 뺏으려 했다며 역모죄로 처형한 것이다. 수양 대군이 반대파를 제거한 이 사건을 계유정난이라 한다. 계유정난 이후 수양 대군은 실권을 잡았고, 단종은 결국 1455년에 수양 대군과 신하들의 압력에 못 이겨 왕위를 수양 대군에게 넘겨주고 상왕으로 밀려났다.

상왕이 된 지 1년 뒤에는 성삼문 등이 주동이 되어 단종 복위(빼앗긴 왕위를 원래 왕에게 돌려주는 것)를 꾀하다가 사전에 발각되어 처참하게 처형당했다. 이로 인해 1457년 6월, 단종은 상왕에서 노산군으로 강등되고 영월로 유배되었다. 불행은 여기서 그치지 않았다. 금성 대군이 단종의 복위를 꾀하다 발각되어 금성 대군은 죽고 단종은 다시 서인으로 강등되었다.

단종이 살아 있으면 세조에 대한 비판이 수그러들지 않고, 복위 운동은 언제 또 시작될지 몰랐다. 세조의 신하들이 단종에게 사약을 내리라는 상소를 세조에게 끊임없이 올리자, 단종은 열일곱 꽃 다운 나이에 스스로 목숨을 끊고 말았다.

240여 년 만의 명예 회복

단종이 왕의 지위를 되찾은 것은 죽은 지 240년도 지난 1698년이다. 숙종 24년에 임금으로 복위되면서 단종이라는 묘호를 얻고, 능은 장릉이라 했다. 장릉은 단종이 목숨을 끊은 강원도 영월에 있다.

단종이 죽은 후 조정에서는 시신을 동강에 던져 버렸다. 단종의 장사를 지내면 누구든지 3대를 멸하겠노라는 엄명도 내렸다. 그런데 엄흥도라는 사람이 죽음을 무릅쓰고 영월 엄씨의 선산에 장사 지냈다. 이후 엄씨 일가는 혹시 있을지도 모를 보복을 피해 모두 영월을 떠났다가 단종이 복위되면서 다시 영월로 모여들어 살게 되었다고 한다.

유배지에 남겨진 단종의 자취를 그린 화첩 〈월중도〉 중 장릉의 모습이다.

엄흥도 아니었으면 단종은 묘조차 없었을 지도 모르지.

① 나 이유는 1417. 9. 24.~1468. 9. 8.까지 살았고 1455. 6. 11.~1468. 9. 7.까지 왕이었다.
② 학문에서부터 음악, 의술은 물론 활쏘기와 말타기에도 나를 당할 자가 없었다.
③ 내가 왕이 되기까지 나의 절친한 친구 한명회, 신숙주, 권람의 공이 컸다.
④ 나를 왕위를 찬탈한 왕이라고 하는 자들은 형제라도 예외 없이 모조리 죽였다.
⑤ 대신 나를 위해 일한 사람들은 공신으로 임명해 본인은 물론 자손대대 특혜를 주고 면죄부도 주었다.
⑥ 의정부 재상들을 통하지 않고 6조의 일을 직접 보고 받고 결재했다.
⑦ 《경국대전》도 사실은 내가 거의 다 만들었다.

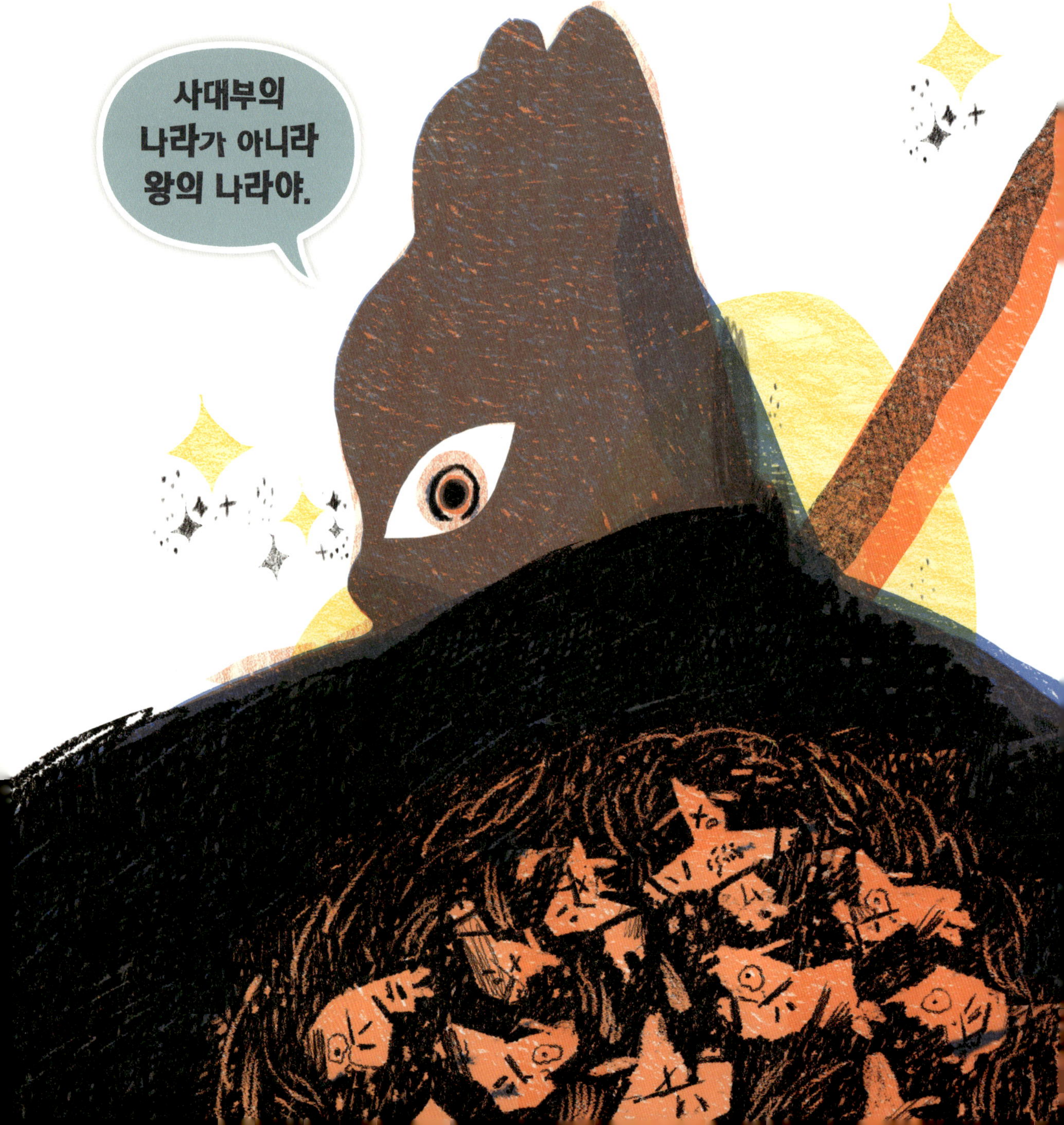

사대부의 나라가 아니라 왕의 나라야.

7대 세조

모든 결정은 왕이 한다

나를 조카를 죽인 패륜아로 욕하는 놈들이 있나 본데, 나도 할 말이 많아. 형 문종이 세상을 떠나자 신하들이 어린 조카 단종을 허수아비 삼아 나라를 쥐락펴락했어. 왕의 나라가 아니라 그 신하들의 나라 같았어. 그래서 목숨을 걸고 거사해 모든 것을 되돌려 놓았어. 부하들이 왕위에 오르라고 권해도 참았어. 하지만 조카까지 왕위를 받으라는데 어쩌겠어? 왕위에 올랐지. 그런데도 몇몇 놈들은 내가 왕위를 빼앗았다며 '전하'라고 하지 않고 '나리'라고 하더군. 그래서 본때를 보여 줬어. 공이 있으면 상을 주고 죄가 있으면 벌을 주는 것은 당연한 일이야. 무너져 내리는 이씨 왕조를 되살리는 데 공을 세운 부하들에게 상으로 땅도 주고 노비도 주고 벼슬도 주었어. 뭐가 문제야? 6조의 업무를 직접 보고 받고, 지방관들이 제대로 잘하는지 감시도 했어. 그리고 현직 관리들에게만 봉급을 주었어. 백성들의 부담을 덜어 주려는 뜻이었지. 조선의 헌법,《경국대전》도 내가 만들기 시작한 거야.

원각사지 10층 석탑이다. 조선 시대의 유일한 석탑으로 대리석으로 만들어졌다. 아래 세 개의 단 위에 기와집을 본뜬 10층 탑신을 세우고, 탑 표면에 인도와 불교 신화를 새겨 넣었다. 높이가 12미터이다. 숭유억불 정책에도 불구하고 불교 진흥에 힘쏜 세조가 개경 부근의 경천사 석탑을 본떠 세웠다. 국보 제2호로 탑골 공원에 있다. 백탑이라고도 한다.

음악을 아는 자, 오로지 진평 대군뿐이라

" … 나뭇잎 뚫는 것, 신력이라 이를 손가?
조그만 털끝인들 그 어이 못 맞힐 소냐? … "
세조가 경복궁 안 경회루 연못 남쪽에
과녁을 설치하고 연못 건너편에서 하루 종일
활을 쏘았는데, 한 대의 화살도 물에 떨어지지
않아 지은 시다. 하늘을 찌르는 세조의 자부심이
잘 느껴진다. 어디 그뿐인가. 세조는 5세에《효경》을
외운 신동이었고, 유교 경전과 역사서는 물론 역법,
병서에도 두루 통달했으며, 풍수 또한 전문가 수준이었다.
실로 당대의 어떤 문사에게도 뒤지지 않을 학문적 소양과 교양을 갖추었다. 음악 이론과 악기 연주에도 능해 아버지 세종은 "음악을 아는 자는 오로지 진평 대군(수양 대군, 세조)뿐"이라고 말했고, 세조의 자질을 높이 평가하여 여러 일을 맡겼는데, 과연 아버지의 기대에 어긋나지 않았다.

야심가 수양 대군, 스스로 왕이 되다

문종이 세상을 뜨고 아들인 단종이 열두 살에 왕이 되었다. 이럴 경우 할머니나 어머니가 수렴청정을 하는데, 단종에게는 할머니도 어머니도 살아 있지 않았다. 김종서, 황보인 등 의정부 재상들과 숙부인 안평 대군이 단종을 도와 나랏일을 보았다. 당시 서른여섯 살이던 세조는 서서히 야망을 드러내기 시작했다. 한명회, 신숙주, 권람 등의 도움을 받아 사람들을 자기편으로 끌어모았다. 한편, 단종의 혼인을 권하는 상소를 올리고 단종의 왕위 승인을 받으러 명나라로 가는 사은사를 자청해 단종과 의정부 재상들, 안평 대군의 경계심을 누그러뜨렸다.
1453년 10월 10일, 마침내 세조는 "김종서, 황보인 등이 안평 대군을 추대하려는 역모를 꾀하고 있다."는 명분으로 거사를 일으켜 이들을 제거했다. 바로 계유정난이다. 그 뒤 2년 동안 나라의 실권을 장악해 왕위에 오를 준비를 마친 세조는 1455년, 단종을 압박하여 왕의 자리를 내놓게 만들고 마침내 꿈에도 그리던 왕이 되었다.

비밀리에 아뢸 것이 있사옵니다

1456년 6월 2일, 김질과 그의 장인인 정창손이 세조에게 "비밀리에 아뢸 것이 있사옵니다."라며 독대를 요청했다. "성삼문이 '이러한 때에 창의하여 상왕을 세운다면 그 누가 따르지 않겠는가?' 하였사옵니다. 이개, 하위지, 유응부도 알고 있다고 하였사옵니다 . … "

김질의 증언에 따라 관련자들이 붙들려 왔고, 대궐은 금세 거대한 고문장으로 변했다.

수양 대군이 1453년 계유정난을 일으켰을 때, 집현전 학사 출신 신하들은 의정부 재상들이 나랏일을 쥐락펴락하는 게 못마땅해 중립을 지키거나 수양 대군을 지지했다. 수양 대군 또한 이들을 조정의 요직에 등용했다. 그러나 몇몇 이들은 조카를 내쫓고 왕위를 빼앗은 세조를 결코 인정할 수 없었다. 성삼문과 박팽년 등은 세조를 내쫓고 상왕인 단종을 복위시키기 위해 동지들을 규합해 나갔다. 그들은 1456년, 명나라 사신 환영 연회 때 거사하기로 계획했다. 그러나 한명회가 거사를 눈치채면서 계획에 차질이 생겼고 이들은 후일을 도모하기로 결정했다.

바로 다음 날 거사 모의에 참여했던 김질이 장인 정창손에게 이 사실을 털어놓았고, 정창손은 그 길로 김질을 이끌고 세조에게 달려갔다. 이로써 단종 복위의 꿈은 수포로 돌아갔다.

단종 복위 사건으로 죽거나 귀양 간 사람은 70여 명, 이 중 박팽년, 성삼문, 이개, 하위지, 유성원, 유응부를 사육신이라 부른다. 한편 밀고자인 정창손, 김질은 세조의 총애를 받아 벼슬이 정승까지 올랐다.

강한 왕, 강한 조선이 되어야 하오

세조는 왕위에 오르자마자, 강력한 왕권을 바탕으로 강력한 중앙 집권 체제를 구축하려 했다.

"이제부터 6조의 일을 직접 보고하라."

세종 이래로 의정부 재상들이 중심이 되어 국가의 중대사를 처리했다. 이는 왕의 업무 부담을 줄여 주는 한편 왕의 전횡을 견제할 수 있는 체제였다. 그런데 왕이 다시 6조를 직접 지휘하겠다고 하니 신하들의 반대가 만만치 않았다. 그러나 세조는 이를 강행했다. 연이어 단종 복위 운동의 중심이었던 집현전을 폐지하고, 왕과 신하들이 정치 문제를 토론하는 경연도 폐지했다.

아울러 중앙 관료들을 지방 수령으로 파견해 중앙의 장악력을 높이는 한편, 지방군 지휘관이나 수령을 그 지방 출신으로 임명하지 못하도록 해 지방 토호의 세력이 커지는 것을 막았다.

세종 말년에 불교 행사를 자주 갖자, 신하들은 연좌 농성에 사직서 제출 등 끈질기게 반대했다. 그러나 세조 시절엔 불경 간행, 절과 암자의 신축, 개축이 훨씬 많았지만 반대하는 신하가 거의 없었다.

또한 세조는 과전법을 직전법으로 바꾸어 현직 관료에게만 보수로 토지를 주었다. 과전법은 현직만이 아니라 명예직 관료에게도 토지를 주고 또 그 토지가 가족에게 세습되기까지 했다. 그러다 보니 현직 관료에게 줄 토지가 부족했다. 세조는 직전법으로 이 문제를 해결하는 한편, 정치적 반대 세력의 경제력이 커지는 것을 막는 효과도 거두었다.

호패는 오늘날 주민등록증과 비슷한 거야.

다음으로 인구를 정확히 파악하기 위해 태종 때의 호패법을 다시 시행했다. 인구를 정확히 파악하는 것은 세금 수입과 국방, 치안의 기본으로, 지방 구석구석까지 관리할 수 있는 바탕이 된다. 호패법 시행으로 세조의 통치 체제는 확고히 자리 잡았다.

이 호패, 아주 중요한 거야!

세조는 백성의 생활 안정에도 많은 관심을 가졌다. 백성들이 수령을 고소할 수 있도록 하는 한편, 수령이 백성을 쥐어짜지 못하도록 암행어사를 내려 보내기도 했다. 이런 조치들을 통해 누구도 감히 왕의 뜻에 반하는 의견을 낼 수 없는 분위기를 만들어 갔다.

이러한 정치적 안정을 바탕으로 세조는 각종 법령을 정비해 《경국대전》을 편찬하기 시작하는 한편, 우리 역사와 제도, 지리에도 관심을 가져 《동국통감》, 《동국지도》 등도 펴냈다.

강력한 중앙 집권 정책이 이시애의 난을 부르다

앞에서 이야기했듯이 세조는 중앙 관료들을 지방 수령으로 파견하고, 지방군 지휘관이나 수령을 그 지방 출신으로 임명하지 못하도록 했다. 지방 토호의 세력이 커지는 것을 막아 강력한 중앙 집권 체제를 구축하기 위해서였다.

이에 불만을 품은 함경도 길주의 토호 이시애가 1467년 5월에 반란을 일으켰다. 함경도는 태조 이성계의 고향으로, 조선 건국에 가장 큰 도움을 준 지역이라 함경도 토호 중에서 지방관을 임명하고 궁궐의 경호 부대도 함경도 사람으로 뽑는 등 우대하고 있었다. 그런데 세조의 정책으로 이런 관행이 사라지자, 예전처럼 함경도의 수령을 함경도 사람으로 해 달라는 요구를 내걸고 반란을 일으킨 것이다. 세조는 3만 군사를 보내 조선 초기 최대의 반란이었던 이시애의 난을 3개월 만에 평정했다. 이후 세조의 중앙 집권 정책은 더욱 강화되었다.

궁궐 안은 왕의 세계, 궁궐 밖은 공신의 천국

계유정난으로 왕위에 오른 세조는 수많은 공신들을 책봉했다. 조선 건국부터 세조 이전까지 60여 년 동안 공신이 세 차례 책봉되었는데, 세조는 자기 시대에만 세 차례에 걸쳐 공신을 책봉했다. 1차는 계유정난에서 공을 세운 정난공신, 2차는 세조가 왕위에 오르는 데 공을 세운 좌익공신, 3차는 이시애의 난 평정에 공을 세운 적개공신이다. 문제는 공신의 수가 너무 많았다는 것이다. 좌익공신의 경우만 보더라도 공신이 44명(단종 복위 운동으로 3명이 빠지고 2명이 더해져 최종 43명)인데, 거기에 더해 원종공신을 무려 2300여 명이나 책봉했다.

공신들에게는 벼슬과 많은 토지, 노비를 주고, 그 자손들에게 과거를 보지 않고도 관직에 오를 수 있는 음서의 특전을 주었다. 공신의 가족들이나 왕을 도운 사람들인 원종공신에게도 1계급 특진의 혜택과 죄를 지어도 사면 받을 권리를 주고, 원하는 경우 일이 없이 녹봉만 받는 산관에 봉하기까지 했다.

세조의 공신 사랑 또한 유별났다. 세조는 왕위에 오르기까지 도움을 준 이들의 공로를 결코 잊지 않을 것이며 그 의리도 변하지 않을 것임을 교서에 밝혔다. 또한 술을 마시면서 "여러 종친, 대신, 공신은 나에게 자석에 달라붙는 쇠붙이와 같아 간격이 없다."면서 자신과 공신은 한 몸이라

정1품의 관리가 받는 과전이 110결이야. 1결에서는 쌀 240말 정도가 생산돼.

공신 하사품 (좌익공신 1등 공신의 경우)

- 토지 150결
- 노비 13구
- 백금 50냥
- 옷감 1투
- 왕실용 말 1필
- 수행노비 7명
- 경호병졸 10인
- 부모와 처는 3등 올려 봉증
- 직자 3등 올려 음직 제수
- 직자가 없으며 생질이나 사위 1등 올려 음지

고 선언했다. 세자 역시 공신들과 모임을 갖고 "자자손손 오늘을 잊지 말자."는 회맹문을 발표했다. 세조는 공신과의 결속만이 정권을 유지할 수 있다고 판단해 궁궐이나 공신의 집에서 자주 연회를 베풀고 결속을 다졌다.

세조는 집권 초기부터 공신들을 승정원과 6조, 의정부 등 중요 자리에 배치하고 이들을 중심으로 국정을 운영했다. 1467년에는 어린 세자의 안정적인 왕위 계승과 왕권 유지를 위해 공신들을 원상(고문)에 임명해 승정원에서 세자와 함께 국사를 의논하고 처리하게 했다. 공신들의 권력은 더 커졌다. 공신들은 세조의 비호 아래 온갖 불법과 탈법을 저지르며 힘과 부를 키우고 공신 집안끼리 혼인으로 결속을 더욱 공고히 했다.

궐 안은 왕의 세계였지만 궐 밖은 공신들의 세상이었다. 출세를 하려면 공신들에게 잘 보이는 게 유일한 길이었다. 공신들은 세조에게 불충하지 않으면 그것으로 충분했다.

1468년 9월 7일, 세조는 아들인 예종에게 왕위를 넘겼다. 그리고 이튿날, 52세를 일기로 파란만장한 삶을 마감했다. 예종은 아버지가 남긴 공신 세력과 힘겨운 싸움을 해야 했다.

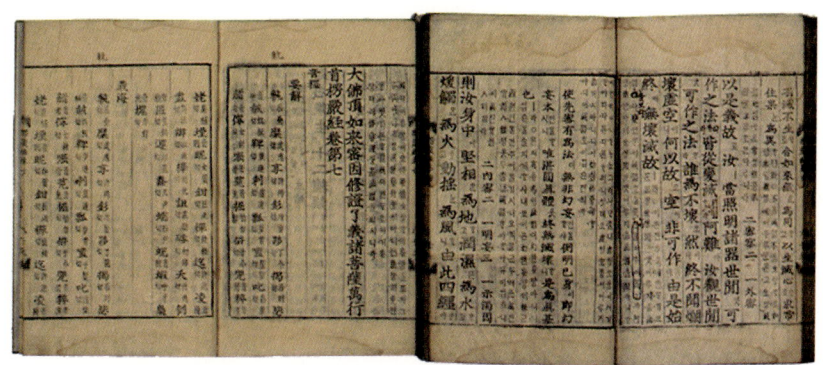

대표적인 불교 경전 《능엄경》을 한글로 풀어 쓴 《능엄경언해》이다. 세조는 간경도감을 설치하여 불교 경전의 한글 번역 작업을 본격적으로 추진했다. 이 책은 당대 대표적인 어문학자 한계희, 김수온이 번역하고 승려 신미가 교정을 보고 세조가 최종 검토하여 1461년 간행되었다.

나를 아는 데 필요한 정보 ⑦

① 나 이황은 1450. 1. 1.~1469. 11. 28.까지 살았고, 1468. 9. 7.~1469. 11. 28.까지 왕이었다.
② 행운의 여신은 나의 편, 둘째 아들로 왕위에 올랐다.
③ 은근과 끈기는 나의 힘, 하루 세 번 하는 세자 공부, 11년 동안 단 한 번도 빼먹지 않았다.
④ 강한 왕이 되어 부강한 나라를 만들고 싶어서, 아버지가 너무도 아낀 남이를 역모죄로 죽였다.
⑤ 〈천하도〉를 완성하고, 국방과 관련한 《무정보감》을 펴냈다.
⑥ 강함과 부드러움을 함께 갖춘 왕이라는 소리를 들었다.
⑦ 꿈만 크면 뭐하나. 왕 노릇 겨우 1년 3개월 채웠다.

8대 예종

아버지 세조처럼 강한 왕을 꿈꾸다

예종, 내 묘호만 보면 모범생 같지? 맞아. 한 성격하는 아버지 세조와 달리 난 내성적이고, 어른 말 잘 듣고, 사리에 어긋나는 일은 하지 않은 모범생이었어. 은근과 끈기도 대단해서 세자 학교 졸업할 때까지 단 한 번도 결석하지 않았지. 거짓말이라고? 거짓말인지 참말인지 두고 보면 알아. 나라고 세자 학교 가는 게 마냥 좋기만 했겠어? 다 뜻한 바가 있어서 그런 거야. 난 아버지 세조처럼 강한 왕이 되어 부강한 나라를 만들고 싶었어. 그래서 왕이 되자마자 아버지 덕에 막강한 권력을 쥔 공신들 기를 꺾으려고 숨 돌릴 틈 없이 몰아붙였지. 하지만 산전수전 다 겪은 공신들이 호락호락할 리가 있나. 뛰는 놈 위에 나는 놈 있다는 속담이 딱 들어맞더라고. 내가 뛰면 그들은 날았거든. 결국 혼자 고군분투하다 왕이 된 지 1년 3개월 만에 북망산천으로 떠나 꿈만 꾸다 간 왕이 되고 말았어. 공신들의 날개를 꺾지 못하고 가서, 후손에게 누를 끼치지나 않았는지 모르겠네.

왕실 자손의 태를 봉안한 곳을 '태실'이라고 한다. 왕실에서 자손을 낳으면 태를 깨끗이 씻어 항아리에 담은 뒤, 기름종이와 파란 비단으로 덮고 붉은색 끈으로 묶어 큰 항아리에 담아 묻었다. 왕실 자손의 태항아리는 궁궐에서 경건하게 의식을 치른 뒤 깨끗한 곳에다 묻는데 이를 '안태'라고 한다. 전라북도 전주시 교동에 있는 예종의 태실이다.

공신들 틈바구니에서 왕위에 오르다

예종은 세조와 정희 왕후의 둘째 아들로 태어났다. 1457년 형 의경 세자가 죽는 바람에 세자가 되었다. 예종은 성품이 공손하고 속이 깊고 말수가 적었다. 늘 책을 가까이 두었으며, 총명하고 영특해 배우는 속도가 빨랐다. 갈수록 학문이 여물고 깊어지자 세조는 "세자가 이미 육례에 통달했다."며 칭찬을 아끼지 않았다.

예종은 열다섯 살 때부터 세조의 명으로 조회에 참석해 나라 돌아가는 사정과 조정의 분위기를 익혔다. 1466년부터는 건강이 좋지 않은 세조 대신 나랏일을 보며, 왕으로서 해야 할 일들을 하나하나 배워 나갔다. 한데 스물도 안 된 세자가 어찌나 일을 야무지게 처리하는지 다들 혀를 내둘렀다.

1468년 9월 7일, 세조는 예종을 불러 손수 면복을 주고 한명회, 신숙주 등 원상들에게 새 왕을 잘 보필해 달라고 부탁했다. 하지만 예종의 앞날은 그리 밝지 않았다. 한쪽에서는 세조가 왕위에 오르는 데 큰 공을 세운 한명회, 신숙주 같은 훈구 공신들이 왕 못지않은 권세를 누리고 있었다. 그리고 다른 한쪽에서는 이시애의 난을 평정해 세조의 사랑을 듬뿍 받은 이준과 남이 같은 젊은 종친들이 펄펄 날고 있었다.

세자에 책봉되면 본격적으로 왕이 되는 데 필요한 공부를 하는데 이를 '서연'이라고 한다. 영의정 등 대신들이 감독을 맡았고, 학문과 성품이 뛰어난 30대~40대 관리들이 스승이 되어 《소학》, 《사서오경》, 《통감강목》 같은 유교 경전과 역사를 가르쳤다. 세자의 서연 모습을 그린 〈회강반차도〉로, 1700년대 기록화이다.

강한 왕이 되고 싶어 몸부림치다

공신과 종친 세력 사이에서 예종이 기를 펴려면 힘을 키우는 수밖에 없었다. 예종의 칼은 먼저 종친 세력을 향했다. 1468년 10월, 남이가 역모를 꾀한다는 유자광의 모함을 듣고 남이와 강순 등 종친 세력의 목을 잘랐다. '남이의 옥사'이다. 다음은 공신 차례였다. 당시 공신들의 기세는 하늘을 찔렀다. 이듬해 4월, 사관인 민수가 한명회를 사초에 비판적으로 기록한 게 마음에 걸려 몰래 빼내다 고쳤는데 들통이 났다. 예종은 사관조차 왕보다 공신들을 더 두려워하는 게 너무도 기막혔다. 예종은 공신들의 기를 꺾으려고 분경을 금지하고, 공신들이 6조의 판서를 겸임해 판서가 여럿 있는 겸판서를 없앴다. 그리고 내시를 중심으로 자신의 세력을 키워 나갔다.

그러나 예종은 1468년 11월, 왕위에 오른 지 1년 3개월 만에 갑자기 세상을 뜨고 말았다. 예종은 짧은 시간 왕위에 있었지만, 군영에 딸린 둔전을 백성들이 농사지을 수 있게 하는 등 백성의 삶을 돌보았다.

세조의 시호는 무려 20자

예종은 즉위하자마자 공신들 콧대를 꺾으려고 정인지 등에게 세조의 시호를 빨리 정하되 글자 수에 얽매이지 말라고 엄포를 놓았다. 보통 시호는 왕이 죽고 한 달이 지난 뒤 4자, 6자, 8자로 정했다. 정인지 등은 옛 법에 따라 8자로 정해야 한다고 했지만, 예종은 자신을 무시하냐며 호통쳤다. 결국 세조의 시호는 조선 왕 가운데 가장 긴 20자가 되었다.

9대 성종

조선 왕조의 체제를 완성하다

나는 세조 할아버지의 맏아들 의경 세자의 둘째 아들이야. 내가 왕위에 오른 것은 천운이었어. 작은아버지 예종의 아들인 제안 대군이나 형 월산 대군이 물려받아야 했지만, 할머니가 나를 추천하면서 왕위를 물려받았거든. 사람들은 나의 장인 한명회 덕이래. 갑자기 왕이 되는 바람에 왕의 자질과 능력을 기르는 공부를 하지 않아 할머니가 대신 나랏일을 보는 7년간 죽어라고 공부했어. '노력은 성공의 어머니'라더니 직접 나라를 다스리게 되었을 때는 누구에게도 뒤지지 않는 실력을 갖출 수 있었지. 내가 한 일 중 가장 중요한 것은 세조 할아버지 이후 세력이 커진 공신들의 힘을 약화시키려고 새로운 인재들을 찾아 적극적으로 지원하고 키운 거지. 그들이 바로 사림이야. 사림들로 훈구 대신들을 견제하면서 왕의 권위는 갈수록 높아졌어. 덕분에 조선의 헌법인 《경국대전》을 비롯하여 역사, 지리, 문화 등 수많은 책을 펴낼 수 있었고, 조선 왕조의 통치 체제를 완성한 왕, 성종이 될 수 있었어.

성종은 해마다 홍문관원 중 세 명을 뽑아 휴가를 주어 한적한 곳에서 독서에 매진하게 했다. 이를 사가독서라 하는데, 오늘날의 국비 장학생 제도에 비유된다. 이를 위해 성종은 용산에 독서당을 만들었는데 이를 남호 독서당이라 했다. 중종 때는 독서당을 금호동과 옥수동 근처 산자락으로 옮겼는데, 이를 동호 독서당이라 했다. 서울시 성동구의 독서당 길이나 동호 대교는 바로 동호 독서당에서 온 말이다. 사진은 성동구 옥수동에 있는 독서당 터 표석이다.

수업 중인 왕, 군림하는 대신

예종이 1년여 만에 죽고 서열 3위인 자산군이 왕위를 이었는데, 바로 성종이다. 궁궐의 최고 어른인 세조 비 정희 대비는 "원자(예종의 아들)가 어리고, 또 월산군(예종의 형 의경 세자의 맏아들)은 어려서부터 병에 걸렸으며, 자산군(월산군의 동생)이 비록 어리기는 하나 세조께서 일찍이 그 도량을 칭찬하여 태조에 비유하기까지 했으니, 그로 하여금 주상을 삼는 것이 어떠하냐?"며 성종을 추천했다.

다른 이유는 없었을까? 성종이 당대 최고 권력가인 한명회의 사위라는 점이다. 예종의 부인, 즉 성종의 작은어머니도 한명회의 딸이었다. 예종의 갑작스런 죽음으로 생긴 정치적 공백을 대신들의 협력으로 벗어날 수 있는 최고의 선택이었다.

이때 성종은 겨우 13세로 왕세자 교육을 전혀 받지 못한 상태였다. 할머니인 정희 대비가 조선 최초로 수렴청정을 시작해 성종이 성인이 될 때까지 대신 정치를 맡았다. 정희 대비는 일일이 대신들의 의견을 물어 나랏일을 처리했다. 훈구 대신들의 영향력은 더욱 커졌다. 훈구 대신들은 세조 때의 공신들로 오랜 기간 요직에 머물면서 국정 운영 능력을 기른 막강한 권력층이었다. 그 기간, 성종은 대신들로부터 제왕 교육을 받았다. 정치도 대신들이, 왕의 교육도 대신들이 맡은 것이다.

대신들은 예종이 공신들의 기세를 꺾으려고 금지했던 분경, 대납(공신이 백성의 세금을 대신 내고 나중에 2~3배 더해서 받는 것), 겸판서 등을 부활시켰다. 그리고 자신들을 견제하던 종친 세력의 핵심 인물인 구성군을 유배 보내고, 종친은 나랏일을 할 수 없다고 법으로 정했다.

사림이 정계에 진출하다

하지만 성종이 어른이 된 뒤로는 사정이 달라졌다. 1476년 정희 대비가 7년간의 수렴청정을 끝내면서 스무 살의 성종이 직접 통치하기 시작한 것이다.

성종은 무엇보다 새로운 세력을 길러 훈구 대신들의 영향에서 벗어나고자 노력했다. 먼저 원상 제도부터 폐지했다. 다음으로 그들의 힘을 견제하려고 언론을 활성화했다. 사간원, 사헌부의 비판 기능을 되살렸고, 장서 보관소에 불과하던 홍문관에 경연을 담당하고 자문에 응하는 역할을 맡겨 옛 집현전을 대신할 기관으로 변모시켰다.

왕의 눈과 귀, 삼사

삼사란 사헌부, 사간원, 홍문관을 말한다. 언론 기능을 맡아 언론 삼사라고도 부른다. 사헌부는 관료들을 감찰하고, 사간원은 왕과 관료들의 잘못을 탄핵하며, 홍문관은 집현전에 이어 정책을 개발하고 왕에게 자문했다. 사헌부 관원인 대관과 사간원 관원인 간관을 합쳐 대간이라고 했다. 《조선왕조실록》에서도 '대신은 왕의 팔과 다리, 삼사는 눈과 귀'라고 했다.

성종은 "임금 앞에서 담론하지 못하게 하면 임금이 누구와 함께 사람의 어질고 어질지 못한 것과 정치의 잘하고 못한 것을 논하겠는가?"라며 대간들의 간언에 힘을 실어 주었다.

성종은 새로운 젊은 인재들을 대거 등용하기 위해 과거 시험을 수시로 실시했다. 이때 정계에 새롭게 등장한 세력이 바로 사림이다. 조선 개국 후 100여 년이 흐르면서 지방에서 경제적인 기반을 갖추고 성리학을 신봉하는 선비들이 전국 곳곳에서 성장했는데, 이들이 바로 사림이다. 당시 사림을 이끌던 김종직의 명성을 들은 성종은 김종직을 불러 홍문관에서 일하게 하였다. 이후 사림의 많은 선비들이 중앙 정계로 진출했다. 사림은 훈구 대신들을 견제하는 중앙 정계의 주요 세력으로 등장했다.

성종의 적극적인 인재 등용과 제도적인 지원으로 1480년경부터 사림파와 훈구파는 균형을 이루었다. 이때부터 중앙 정치에서는 국왕이 맨 위에 군림하면서 대신들과 삼사의 대간들이 견제와 균형을 이루는 수준 높은 유교 정치를 펼쳤다. "신하의 도는 의를 따르는 것이지 임금을 따르는 것이 아닙니다."는 말이 당시를 대변한다. 즉 신하는 국왕에게 충성을 바쳐야 한다. 그보다 중요한 것은 군주와 옳고 그름을 따지며 도덕적인 나라를 만드는 그런 정치를 해야 한다는 것이다.

조선의 헌법 《경국대전》을 반포하다

성종이 이룬 가장 큰 업적의 하나는 조선 왕조 통치 체제의 근간이 되는 《경국대전》을 반포한 일이다. 《경국대전》은 편찬을 시작한 지 30여 년 만에 완성되어 1485년 1월 1일부터 시행되었다.

《경국대전》 편찬은 세조 때로 거슬러 올라간다. 세조는 즉위하자마자 당시 산만하게 흩어져 있던 각종 법령을 모아서 통일된 새로운 법전을 만들어야겠다고 생각했다. 1466년에 세조는 《경국대전》을 완성하지만, 아직 미비하다고 판단해 확정하지는 않았다. 그 뒤 예종도 육전상정소를 두어 작업을 매듭짓고 1470년 1월 1일에 반포하기로 했으나, 예종이 갑자기 죽으면서 이 일은 성종에게로 넘어왔다. 성종은 《경국대전》의 수정 보완을 거듭해 1471년 《신묘대전》, 1474년 《갑오대전》을 거쳐 1485년 《을사대전》으로 최종 확정했다.

《경국대전》의 완성은 조선 왕조의 법치 체계가 확립되었음을 보여 주는 중요한 진전이었다. 이후에도 《경국대전》을 보완하는 여러 법전이 편찬되었지만, 《경국대전》의 기본 체제는 그대로 유지되었다.

호전
세금 제도와 관리들의 녹봉, 토지, 가옥, 노비 매매 등에 관한 사항.

병전
국방, 군사에 관한 사항.

예전
과거 제도, 외교, 제례, 상복, 혼인 등에 관한 사항.

형전
형벌, 재판, 노비, 재산 상속 등에 관한 사항.

공전
도로, 교통, 건축, 도량형 등 건축과 산업 전반에 관한 사항.

이전
통치의 기본이 되는 중앙과 지방의 관제, 관리의 임면에 관한 규정, 내명부와 외명부의 품계 등에 관한 사항.

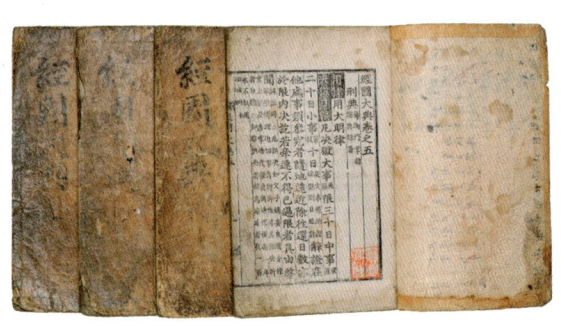

《경국대전》은 총 319개의 법 규정이 있으며 이전, 호전, 예전, 형전, 병전, 공전의 6전 체제로 구성되어 있다.

《경국대전》법 조항 해부하다

재미있는 법 조항을 찾아볼까. 여러분은 이런 법이 있었으리라고 상상해 본 적 있나? 신분 제도가 있던 당시에도 그 제도 안에서 공정함을 유지하고 백성들을 어여삐 여기는 흔적들을 엿볼 수 있다.

형전 • 권세가를 드나들면서 정치적 로비를 하는 자는 장 100대, 유배 3000리에 처한다.

형전 • 공노비는 출산 전 30일, 출산 후 50일 휴가를 주고 그 남편에게도 산후 15일 휴가를 준다.

예전 • 뇌물을 받은 관리의 자손과 서얼의 자손은 진사 생원 시험에 응시하지 못한다.

호전 • 백성들이 세금으로 내는 쌀이나 곡식 등을 받아 중간에 가로챈 자는 본인이 죽어도 가족들에게 강제로 받아 낸다.

예전 • 품계가 낮은 관료의 자녀가 혼인할 때 사라능단 같은 수입 비단을 사용하면 장 80대에 처한다.

●이런 내용들도 있어

① 과부의 재혼을 금한다.
② 과거 응시자 선발 시 지역별 인원을 정한다. 초시 240명 중 지방 즉 경기 30인, 충청도와 전라도 각 25인, 경상도 30인, 강원도와 평안도 각 15인, 황해도와 영안도(함경도) 각 10인 등을 뽑는다.
③ 중요 문서는 매 3년마다 인쇄하여 당해 관아와 의정부 및 사고에 보관한다.
④ 여름철에 석빙고에 보관된 얼음을 받을 수 있는 사람은 왕실 가족과 정2품 이상 그리고 70세가 넘은 정3품 이상 관리이다.
⑤ 땅이나 집을 사면 100일 안에 관청에 보고해야 한다.
⑥ 남자는 15세, 여자는 14세가 되어야 혼인할 수 있다.
⑦ 나룻배는 5년이 지나면 수리해야 하고 10년이 지나면 새로이 만들어야 한다.
⑧ 부모가 많이 아프거나 나이 70세가 넘으면, 군에 가지 않아도 된다.
⑨ 집이 가난하여 혼기가 넘도록 혼인을 하지 못하면 재물을 보조해 주고, 가난하지 않음에도 혼인을 늦추면 그 아버지에게 죄를 묻는다.

역사, 지리, 문학, 음악 등을 집대성하다

성종의 업적 중 또 하나 주목할 만한 것은 역사, 지리, 문학, 음악 등을 집대성한 서적을 편찬한 것이다. 물론 이러한 편찬 사업은 조선 건국 초기부터 시작되었다. 건국 초기 왕권의 정당성과 왕권 강화를 위해 역사서가 필요했고, 영토를 확정하고 중앙 집권을 효율적으로 하기 위해 지리서가, 국가의 정치 이념이자 사상 이념인 유교 이념을 백성들에게 널리 전파하기 위해서는 각종 예서 등이 필요했기 때문이다. 이러한 편찬 사업은 성종에 이르러 꽃을 피웠다. 성종 재위 기간 중 세조 때 시작한 《동국통감》을 마무리하였고, 《동국여지승람》, 《동문선》, 《악학궤범》 등을 간행했다. 이를 위해 1484년에는 구리 활자 30여 만 자를 만들어 인쇄술의 발전에도 크게 기여했다.

《동국통감》
고조선에서 고려 말까지의 역사를 다룬 역사책이다. 성종 자신이 편찬에 적극 개입하고 훈구파와 사림파가 함께 참여하여 만들었다. 56권.

《동국여지승람》
우리나라 각 도의 역사와 근황, 관원, 산천, 성곽, 봉수, 역원 등을 기술한 지리책이다. 50권.
사진은 중종 때 증보한 《신증동국여지승람》이다.

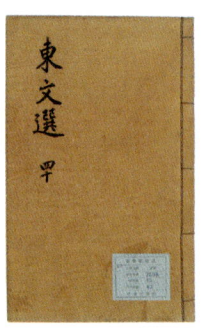

《동문선》
신라의 김인문, 설총, 최치원을 비롯해 약 500인의 작품 4302편을 수록한 문학책이다. 서문에서 우리나라 역대의 빛나는 시문이 중국의 것과는 다른 특질을 가진 우리의 글임을 강조했다. 133권.

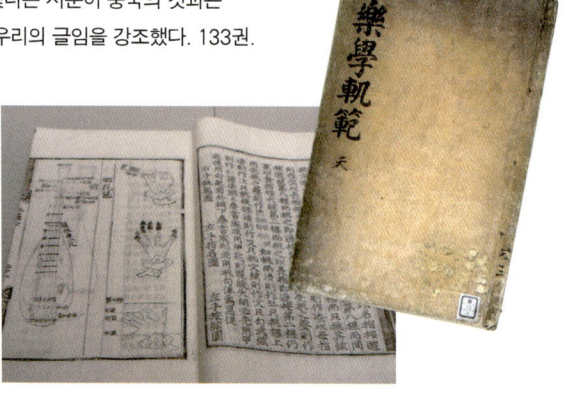

《악학궤범》
여러 의례에 쓰이는 음악의 곡조에서부터 법식, 여러 춤, 악기, 의례에 쓰이는 물건, 관복 등에 관해 기술한 음악 이론서이다. 노래 가사도 들어 있다. 9권.

대간은 국왕과 대신의 불편한 존재이기도 했다

성종은 할아버지 세조 때부터 내려오는 훈구파 대신들과 자신이 직접 뽑고 키운 사림파 대간 세력의 균형을 바탕으로 왕권을 강화해 나갔다. 훈구파 대신들은 정국 운영 능력으로, 사림파 대간 세력은 일체의 부정을 용납 않는 도덕성으로 성종을 보필했다. 성종은 자신이 키운 대간 세력에게 지나친 비판을 받아 울화가 치미는 경우도 많았다. 그러나 많은 부분에서 비판을 받아들이고 때로는 비판에 맞서 본인의 의사를 관철시키며 인재를 포용하는 정치를 펼쳤다.

창경궁에 샘이 넘치는 걸 막기 위해 연못을 만들고 샘과 연못 사이를 구리 수통으로 연결하는 공사를 벌였다. 그러나 결국 구리 수통을 철거하고 돌로 새로 만들었다.

궁에서 불사가 있어 내명부와 종실 부녀가 앞을 다투어 참석했다. 이후 민간에 세 발 달린 닭이 나타났다. 신하들이 임금 탓이라며 반성을 요구했다.

나를 아는 데 필요한 정보 ❼

① 나 이융은 1476. 11. 7.~1506. 11. 6.까지 살았고, 1494. 12. 29.~1506. 9. 2.까지 왕이었다.
② 성종의 적장자로 축복 속에 태어나 8세에 세자가 되었다.
③ 왕세자 학습은 재미없어서 잘 빼먹었으나, 시 짓고 춤추고 노래하는 데는 일등이었다.
④ 세자 시절, 왕에게 사사건건 트집 잡는 신하들을 보며 왕위에 오르면 절대 왕권을 손에 넣으리라 마음먹었다.
⑤ 무자비한 두 번의 사화로 많은 신하들을 죽이고 강력한 왕권을 손에 넣었다.
⑥ 하고 싶은 일을 다 했다. 백성들을 내쫓고 사냥터를 만들고, 대규모 궁중 음악단을 만들어 날마다 노래하고 춤추며 놀았다.
⑦ 권력을 흥청망청 즐기는 데 써 버린 기간은 2년 남짓, 결국 반정으로 쫓겨났다.

> 내가 두려워하는 것은 역사뿐이다.

> 폭군으로 역사에 길이 남았어.

10대 연산군

최악의 폭군이 되다

로마에 네로가 있다면 조선에는 내가 있어. 나는 조선 오백 년 역사를 통틀어 최악의 폭군으로 악명을 떨쳤지. 내가 누구냐고? 연산군이야. '조'나 '종'이라는 묘호를 받지 못하고 왕자 때의 이름 연산군을 쓰는 것은 사람들이 나를 왕으로 인정하지 않았다는 거야. 같은 이유로 내 시대의 기록도 《연산군실록》이라 못하고 《연산군일기》라 하지.

아버지 성종의 맏아들이라 왕위 계승은 순조로웠어. 세자 시절에 학문을 좋아하지는 않았지만, 나도 태종 할아버지나 세조 할아버지처럼 절대 권력을 손에 넣고 백성들을 위한 정치를 하고 싶었어. 말은 그럴 듯하게 하면서 욕심만 차리는 신하들이 역겨웠거든. 김종직이라는 놈이 감히 세조 할아버지를 모욕한 일을 계기로 사림파 선비들을 처벌했어. 한 번 피를 보니 두 번째는 쉽더라고. 이번에는 어머니를 폐비로 몬 훈구 대신들을 싹 없앴어. 훈구 대신들의 재산을 몰수해 흥청망청 정신없이 놀 때는 좋았는데 결국 왕위에서 쫓겨났어.

1506년에 중종반정으로 쫓겨난 조선 최고의 폭군 연산군은 강화도에 유배된 지 두 달 만에 유배지에서 죽었다. 강화도에 묻힌 연산군은 1513년 서울 도봉구 방학동 지금의 자리에 묘를 옮겼다. 폐위되어 왕이 아니므로 능이라 하지 못하고 묘라 하며, 왕자의 묘 형식을 따르고 있어 왕의 능에 있어야 할 장식 돌들도 없다.

시와 노래, 춤과 음악을 사랑한 왕

연산군은 성종의 적장자로 모든 사람의 축복 속에 태어났다. 그러나 네 살밖에 안 된 어린 나이에 어머니 폐비 윤씨가 궐 밖으로 쫓겨나는 바람에 새 왕비를 친어머니인 줄 알고 컸다. 8세 때 세자로 책봉된 연산군은 학문에 관심이 없어 유교 경전 공부조차 게을리했다. 온갖 핑계를 대고 수업을 빼먹어서 스승의 꾸지람도 많이 받았다. 대신 시를 잘 짓고 노래와 춤에 능하였다. 음악을 들으면 "혈기가 좋아지고 정신이 안정된다."고 할 정도로 좋아했다. 성종이 "세자가 17세까지 문리를 깨치지 못해 걱정"하긴 했으나, 비교적 순조롭게 왕위에 올랐다.

연산군은 초기에는 성종의 업적을 이어받아 나라를 잘 다스렸다. 성종 말기에는 태평한 시대가 계속되면서 사치 풍조가 생기고, 관리들도 근무 자세가 풀어져 일을 대충 처리하곤 했다. 연산군은 사치 풍조를 단속하고, 곳곳에 암행어사를 보내 관리들을 감독하여 나라 질서를 바로잡는 등 갖가지 폐단을 바로잡았다. 흉년으로 어려움에 빠진 백성들을 위해 곡물 가격을 내리고, 여진족을 회유하여 북방을 안정시키며, 비융사를 설치하여 갑옷과 무기를 생산하는 등 국방에도 힘썼다.

> 단풍잎 서리에 취해 요란히도 곱고~

연산군

연산군 6년
6월 22일
연산군 7년
4월 22일, 5월 10, 6월 10일
연산군 8년
2월 17일
연산군 9년
5월 8일
연산군 10년
9월 7일, 9월 29일, 10월 15일, 11월 19일, 11월 20일, 12월 13일, 12월 18일
연산군 11년
1월 3일, 3월 9일, 3월 12일, 3월 18일, 3월 21일, 3월 28일,
4월 3일, 4월 24일, 5월 29일, 6월 10일, 6월 15일, 7월 1일, 7월 23일, 8월 4일
연산군 12년
5월 4일, 5월 7일

> 이성보다 감성이 풍부했던 왕. 하지만 왕은 예술보다 정치가 우선이지.

《연산군일기》에는 '어제시를 내렸다.'는 기사가 수십 차례 나온다. 연산군은 100여 수가 넘는 시를 남길 정도로 문학에 큰 관심과 재능을 보였다.

'위를 능멸하는 것'을 극도로 거부하다

성종 때는 왕과 신하가 동반자로 나라를 이끌어 가는, 이상적인 정치 활동이 자리 잡은 시기로 대간들의 비판 활동이 매우 활발했다. 그런데 이것이 연산군의 눈에는 왕에게 신하가 사사건건 어깃장을 놓는 것으로, '아래가 위를 능멸하는 것'으로 보였다. 신하의 권세가 강하고 왕의 권위가 약해서 일어나는 일이니 왕위에 오르면 힘 있고 강한 왕이 되어 "위를 능멸"하는 것을 없애야겠다고 결심한 것이다.

한편 대간들은 연산군이 성종처럼 해 주기를 바라며, 연산군이 즉위하자마자 끊임없이 상소를 올리며 비판 활동을 벌였다. 자연히 대간들과 연산군 사이가 좋을 리 없었다. 연산군은 즉위 초부터 성종의 제사를 불교식으로 지내는 문제와 폐비 윤씨 복위 문제 등으로 대간과 날카롭게 대립했다. 때로는 대간이 물러서고 때로는 연산군이 양보하면서 처음 4년간은 팽팽한 줄다리기가 이어졌다.

그러나 이 팽팽함은 연산군 4년인 1498년에 일어난 무오사화와 함께 깨졌다. 연산군은 '위를 능멸하는 풍습'을 고친다며 두 번의 사화를 일으켜 소신 있게 바른말 하는 신하들을 모두 죽였다. 그리하여 왕의 말에 무조건 "지당하십니다."라며 순종하는 정승들만 남게 되었다.

말 잘 듣는 신하들만 남았으니, 연산군으로서는 골치 아프게 유교 경전을 공부하며 나랏일을 의논하는 경연을 폐지하기도 쉬웠다. 결국 연산군은 1504년에 경연까지 폐지했다.

> 말할 만한 것은 말하지 않고 말할 것이 아닌 것은 억지로 말하는 대간들!

첫째, 오래 앉아 있기가 어렵다.

둘째, 의관을 갖추어야 하는데, 더위를 먹게 될까 두렵기 때문에 나가지 않는다.

셋째, 몸이 불편한데다가 또 큰일을 만나서 마음을 썼더니 기운이 안정되지 않는 것 같다.

무오사화와 갑자사화로 절대 왕권을 손에 넣다

왕위에 오른 직후부터 삼사의 대간들과 끊임없이 충돌한 연산군에게 사림을 쫓아낼 기회가 왔다. 1498년 무오년에 유자광이 사림파의 거두 김종직의 제자 김일손이《성종실록》을 쓰기 위한 사초에 김종직의〈조의제문〉을 실었다고 알려온 것이다.〈조의제문〉은 증조할아버지인 세조가 단종에게서 왕위를 뺏은 일을 초나라 항우가 의제를 죽인 일에 빗대 비꼬는 글이었다. 연산군은 세조를 비꼬았다며 김일손 등 사림파 선비들을 죽이고, 이미 죽은 김종직도 무덤을 파헤쳐 시신을 꺼내 목을 베었다. 이 사건을 무오년에 선비들이 화를 입었다 하여 무오사화라 한다.

이제 왕에게 바른말을 하려면 죽음을 각오해야 했다. 따라서 삼사 대간들의 비판 활동은 크게 줄어들었다. 강력한 왕권을 손에 넣은 연산군은 아무런 거리낌 없이 사치와 사냥, 연회에 몰두했다. 왕의 사치가 극에 달하면서 국가 재정이 바닥났다. 차츰 삼사의 대간들과 무오사화 때 연산군 편에 섰던 대신들도 왕의 사치를 비판하기 시작했다. 그러자 연산군은 1504년 갑자년에 어머니 폐비 윤씨 사건을 빌미로 삼사의 대간들과 대신들 200여 명을 참혹한 방법으로 처벌하고 이들의 재산을 몰수했다. 이 사건을 갑자년에 일어난 선비들의 화라고 하여 갑자사화라 한다.

반정으로 왕위에서 쫓겨나다

두 차례의 사화로 신하들을 완벽하게 제압한 연산군은 아무런 제한을 받지 않고 자신이 하고 싶은 대로 했다. 갑자사화 이후 2년 반 동안 연산군은 조선 역사상 최고의 폭군으로 군림했다.

유달리 음악을 좋아했던 연산군은 1000여 명에 이르는 대규모 가무단을 꾸리고 날마다 연회를 베풀었다. 이들은 수준에 따라 흥청, 운평이라 불렀는데, 그 규모가 너무 커 운영하는 데만 어마어마한 돈이 들었다. 백성들이 연회를 볼 수 없도록 궁궐 벽을 높이 쌓았고, 한 걸음 더 나아가 궁궐이 보이는 곳에는 집을 허물어 사람들이 살지 못하게 했다. 산 위에 올라가 궁궐 안을 내려다보면 누구든 크게 벌을 받았다.

사냥터로 쓰기 위해 도성 외곽 경기도 일원에 금표를 쳐서 통행을 금지시키고 백성들을 내쫓았다. 왕의 사치와 낭비벽에 도성 전체가 공사판이 되었고, 나라의 곳간은 비어 갔으며, 세금이 크게 올랐다. 도성 곳곳에 연산군의 폭정을 비난하는 한글 벽보가 붙자, 아예 한글 금지령을 내렸다.

연산군의 행패를 더 이상 두고 볼 수 없었던 박원종, 성희안, 유순정 등은 1506년 9월 2일 반정을 일으켰다. 궁궐을 지키던 군사들과 시종들은 도망가기에 바빠 아무도 연산군을 지키지 않았다. 이로써 연산군의 폭정은 12년 만에 마침표를 찍었고, 연산군은 쫓겨난 지 두 달여 만에 유배지인 강화도에서 죽었다.

조광조는 너무 빨랐고, 나는 너무 느렸다.

조광조가 융통성 없이 원칙만 따졌어.

나를 아는 데 필요한 정보 ❼

1. 나 이역은 1488. 3. 5.~1544. 11. 15.까지 살았고, 1506. 9. 2.~1544. 11. 15.까지 왕이었다.
2. 공부가 즐거웠다.
3. 꿈에서도 앉아 보지 못한 왕좌였는데, 조선 왕조 최초로 반정으로 왕위에 올랐다.
4. 훈구파를 막아 줄 울타리가 필요해 당대 최고 학자인 조광조를 뽑아 썼다.
5. 훈구파의 공격을 견디지 못해 결국 내 손으로 뽑은 조광조에게 사약을 내렸다.
6. 북으로는 여진족이 국경을 괴롭히고, 남으로는 왜구가 '삼포왜란'을 일으켰다.
7. 부끄럽게도 부지런하기만 하고, 한 일은 별로 없는 우유부단한 왕이라는 소리를 들었다.

11대 중종

반정으로 왕이 되다

나 중종은 왕이 되는 걸 꿈에도 생각해 본 적이 없어. 이복형인 연산군을 내쫓은 반정군에게 등 떠밀려 오른 거야. 하지만 자리가 사람을 만든다고, 용상에 앉고 보니 잘해 보고 싶다는 생각이 들대? 어릴 때부터 공부하는 걸 즐겨 학식과 교양도 좀 있었고, 성격도 자분자분하고 깐깐해 옆에서 받쳐 주면 잘할 수 있겠다 싶었지. 하지만 훈구파는 툭하면 나를 무시하고, 말을 안 듣고, 어깃장을 놓았어. 참고 기다리면 기회가 온다고, 10년이 지나서 드디어 때가 온 거야. 나는 '조선의 도덕군자'라 불리는 조광조를 뽑아 내 편으로 삼았어. 그리고 조광조와 함께 '도학이 바로 선 나라'를 만들려고 숨차게 뛰었지. 하지만 강 건너 불구경하듯 손 놓고 있을 훈구파가 아니었지. 결국 난 훈구파에 밀려 조광조를 죽였고, 훈구파 눈치 보느라 왕 노릇 한번 제대로 못 했어. 내가 사림파와 훈구파 사이에서 중심을 꽉 잡고 통치력을 발휘했다면 어땠을까 하는 아쉬움이 크네.

서원은 성리학을 가르치는 학교이자 성현을 제사 지내는 곳이다. 사림파는 전국 곳곳에 서원을 세워 제자를 길러 내고 힘을 길러 중앙으로 나아갔는데, 주로 언론 기관에서 훈구파에 대한 비판 활동을 하며 힘을 키웠다. 조광조의 학덕과 충절을 기리려고 1650년에 세운 심곡 서원으로, 경기도 용인시 수지구 상현동에 있다. 심곡 서원 말고도 조광조를 기리는 서원이 전국에 20여 개 넘게 있었다고 한다.

조선 왕조 최초 반정으로 왕위에 오르다

1506년 9월 1일 밤, 어지러운 말발굽 소리가 요란했다. 얼마 뒤 단단히 무장한 군사들이 진성 대군의 집을 겹겹이 에워쌌다. 진성 대군은 "올 것이 왔구나." 생각했다. 진성 대군은 이복형인 연산군의 칼날이 언제 자신을 향할지 몰라 죽은 듯이 살아왔다. 그런데 어찌 된 영문인지 말 탄 군사들 모두 자신의 집을 호위하듯 밖을 향해 서 있었다. 날이 밝자마자 왕이 타는 가마인 연에 오른 진성 대군은 경복궁으로 가 즉위식을 치렀다. 조선 왕조 최초로 반정으로 왕이 된 중종이다.

중종은 박원종, 성희안, 유순정이 이끄는 반정군이 집을 호위할 때까지 왕으로 추대된 사실을 모를 만큼 극적으로 왕이 되었다. 게다가 성종과 후궁 사이에서 태어나 왕위 서열에서 한참 비켜나 있어서, 도와줄 만한 세력도 없었다. 박원종, 성희안 등은 아버지 성종 대부터 권력을 쥐고 흔들던 훈구파로 노련하기 이를 데 없었다. 사사건건 감 놔라 배 놔라 할 게 불 보듯 훤했다.

중종은 하루아침에 왕이 되었지만, 연산군의 폭정으로 어지러워진 나라를 일으켜 세워 성군 소리를 듣고 싶었다. 그래서 경연을 다시 열어 학문을 익히고, 군왕의 자세를 배워 나갔다. 또 홍문관의 역할을 키워 신하들의 충언을 귀담아들으려고 노력했다. 하지만 훈구파는 툭하면 중종을 무시하고 어깃장을 놓았다.

왕이 무능하거나 포악하여 나라와 백성이 곤경에 빠졌을 때 왕조는 유지한 채 왕만 바꾸는 것을 반정이라고 하지. 새 왕께서는 결단력이 부족하지만, 능력 있는 신하가 받쳐 주면 잘하실 거야.

범 무서운 줄 모르는 하룻강아지, 두고 보자!

조광조와 함께 도학 정치를 펼치다

중종이 즉위한 지 10여 년이 흘렀다. 반정 공신도 하나둘 죽어 훈구파의 기세도 한풀 꺾였다. 중종은 왕권을 키울 때가 왔다고 여겨 1515년, 널리 인재를 추천하라는 명을 내렸다. 신하들은 너나없이 사림파의 우러름을 받는 조광조를 입에 올렸다. 중종은 조광조에게 한껏 기대를 걸고 잇따라 벼슬을 올려 주었다. 조정 안팎으로 조광조와 사림파가 이끄는 개혁에 대한 기대감이 높아 갔다.

《소학》은 유교 경전이나 성현의 글 중에서 일상생활에서 반드시 알아야 하고 지켜야 할 덕목만 쏙쏙 가려 뽑은 성리학 입문서이다. 송나라 때 주희가 엮었으며, 사림파의 성리학 교과서 구실을 톡톡히 했다.

조광조는 중종에게 "임금은 몸과 마음을 닦아 법도를 지키고, 신하와 백성은 임금을 어버이처럼 믿고 따르는 평화롭고 아름다운 나라.", 즉 '도학이 바로 선 나라'를 만들자고 건의했다. 중종은 꼼꼼하고 깐깐했으나 밀어붙이는 힘이 약했다. 하지만 있는 힘을 다해 조광조의 개혁 정치를 밀어주었다.

조광조와 사림파는 1517년에 '향약'을 실시해 유교가 뿌리내리도록 했다. 1518년에는 나라가 어려울 때 도교 식으로 제사 지내는 소격서를 없애자고 주장했다. 중종은 왕실의 전통이라며 강하게 반대하다 조광조와 사림파의 손을 들어주었다. 이듬해에는 훈구파의 반대를 무릅쓰고 추천을 거쳐 인재를 뽑는 '현량과'를 실시했다. 합격자 대부분 조광조를 따르는 사림파였다. 이들은 삼사의 주요 자리에 앉아 훈구파의 부정과 비리를 비판했다. 사림파의 힘은 날로 커졌고, 훈구파는 갈수록 설 자리가 좁아졌다.

기묘사화로 조광조를 내치다

조광조와 사림파가 볼 때 '도학이 바로 선 나라'를 만드는 데 가장 큰 걸림돌은 남곤, 심정 같은 훈구파였다. 훈구파 눈에는 사림파야말로 잔재주로 중종을 압박해 세를 불리려는 애송이들이었다. 사림파와 훈구파는 갈수록 사이가 나빠졌다. 하지만 중종은 두 세력을 아우를 만큼 강한 왕이 못 되었다. 게다가 조광조가 생활까지 일일이 간섭하자 슬슬 개혁에 싫증이 났다. 갈수록 중종은 사림파와 훈구파 사이에서 갈팡질팡했다.

급기야 1519년, '위훈 삭제' 사건이 터졌다. 조광조와 사림파는 반정 공신 가운데 공이 없는데도 공신이 된 자를 가려 공훈을 없애야 한다고 주장했다. 그런데 그 수가 117명 가운데 무려 76명에 이르렀다. 중종은 자신을 왕으로 세운 공신들의 공을 없던 걸로 하자는 사림파의 주장을 왕권에 대한 도전으로 여겼다. 사림파는 끈질기게 물고 늘어졌고, 결국 중종은 위훈 삭제를 결정했다. 벼랑 끝에 몰린 남곤, 홍경주 등 훈구파는 "조광조 무리가 붕당을 지어 노른자위 벼슬을 독차지하고, 뜻이 다른 자를 멀리한다."며 큰 벌을 내리라고 중종을 닦달했다. 중종은 이번에는 훈구파의 손을 들어주었다. 조광조를 비롯해 사림파 70명에게 사약을 내리니, 바로 '기묘사화'이다. 다시 조정은 남곤, 심정, 홍경주 등 훈구파가 판을 쳤고, 남은 사림파는 고향으로 흩어져 뒷날을 기약했다.

다시 훈구파 세상이 되다

중종은 훈구파에 둘러싸여 옴짝달싹 못 하는 신세가 되었다. 다시 제 세상을 만난 훈구파는 조광조와 사림파가 편 개혁 정책을 모두 되돌렸다. 현량과는 폐지되었고, 공훈도 되찾았다. 이제 훈구파를 비판할 만한 세력은 눈 씻고 찾아봐도 없었다. 하지만 시간이 지나면서 훈구파 사이에 권력 다툼이 벌어졌다.

1527년에는 '작서의 변'으로 심정이 사약을 받았다. 1531년에는 중종의 세 번째 왕비인 문정 왕후의 오빠 윤원로와 중종의 사돈인 김안로가 서로 권력을 쥐려고 싸웠다. 1543년부터는 세자(인종)의 외삼촌인 윤임(대윤)과 문정 왕후의 동생인 윤원형(대윤)의 다툼이 시작되었다. 기묘사화 뒤에는 이렇게 훈구와 훈구, 훈구와 외척, 외척과 외척의 다툼이 꼬리를 물고 이어져, 다시 나라가 어지러워졌다. 중종은 이리저리 휘둘리며 겨우 왕위를 이어 갔다.

하지만 어려운 상황 속에서도 백성의 삶을 안정시키려고 검소한 생활을 하고 사치를 금하고 상업이 잘 돌아가게 화폐를 사용하도록 했다. 또《속삼강행실도》를 펴내 백성들이 생활 속에서 유교 윤리를 실천할 수 있도록 했다. 나아가《속동문선》, 《신증동국여지승람》, 〈천하여지도〉 등을 펴내 조선의 문화를 한층 끌어올리고자 했다. 하지만 39년 동안 훈구파와 외척에 휘둘리며 왕위를 지키는 데 급급해 이렇다 할 통치력을 보여 주지 못했다. 오죽하면 사관이 부지런하기만 하고 우유부단한 왕이라고 했을까.

작서의 변

중종의 첫째 왕비는 공신들 등쌀에 내쫓기고, 둘째 왕비는 세자를 낳자마자 죽었다. 그런데 세자가 열세 살이 되던 1527년 2월, 누군가가 쥐의 꼬리와 다리를 자르고 불에 지져 세자가 사는 동궁 은행나무에 걸어 놓은 끔찍한 사건이 일어났다. 김안로 등은 중종의 후궁인 경빈 박씨가 자신이 낳은 복성군을 세자로 세우려고 꾸민 짓이라고 주장했다. 결국 경빈 박씨와 복성군, 이들과 가까운 심정은 사약을 받았다. 하지만 이 사건은 심정과 권력 다툼을 벌이던 김안로가 심정을 몰아내려고 꾸민 짓이었다. 쥐를 이용해 꾸민 변란이라고 해서 '작서의 변'이라고 한다.

고인 물이 썩듯이 비판할 상대가 없는 권력은 썩고 만다는 것을 역사가 제대로 보여 주는구나~.

"효와 우애는 하늘의 이치요. 고약한 계모도 어머니요."

"조금만 더 오래 살았다면…."

 나를 아는 데 필요한 정보 ❼

❶ 나 이호는 1515. 2. 25.~1545. 7. 1.까지 살았고 1544. 11. 20.~1545. 7. 1.까지 왕이었다.
❷ 태어난 지 7일 만에 어머니가 돌아가시고 표독하고 사악한 계모 문정 왕후의 손에서 자랐다.
❸ 세 살 때부터 글을 읽었으며, 여덟 살에 성균관에 들어가 하루 세 차례씩 글을 읽었다.
❹ 여섯 살 때 왕세자가 된 후 25년간 세자로 복무했다. 다들 최고의 통치자가 될 거라며 기대가 컸다.
❺ 왕자 시절부터 철저하게 금욕 생활을 했다. 화려한 옷을 입은 궁녀는 모두 궁 밖으로 내쫓으니 궁 안이 저절로 질서가 잡혔다.
❻ 음식을 먹고 탈이 자주 났다. 동궁에 요괴한 일이 일어나고 심지어 화재도 크게 났다.
❼ "요순의 시대로 가는 길은 오직 효도와 우애뿐이다."라는 아버지의 말씀을 지키며 살았다.

12대 인종

왕 노릇 여덟 달밖에 못 하다

인종이라, 어질고 의로운 왕이었다고 후대에서 나를 인종이라 이름 지어 주었어. 나는 아버지 중종과 어머니 장경 왕후의 맏아들로 태어나 일찌감치 왕세자가 되어 왕이 될 준비를 착실히 했어. 세 살 때부터 글을 읽을 만큼 총명해 아버지가 매우 기뻐했어. 아버지는 어린 내가 즐겁게 공부할 수 있도록 스승을 직접 가려서 뽑는 등 각별히 신경을 썼지. 나 또한 아버지가 자나 깨나 강조한 효와 우애를 몸소 실천했어. 아버지가 병환에 들면 약의 맛을 몸소 보고, 손수 잠자리도 살폈어. 붕어한 후에는 엿새간 식음을 전폐하고 다섯 달 동안 소금을 먹지 않았지. 아버지 때 실패한 개혁을 다시 살려 올바른 정치를 하고 싶었어. 그래서 이언적, 김인후 같은 사림을 등용하고, 조광조의 억울함도 풀어 주고, 추천으로 인재를 뽑는 현량과도 되살렸어. 하지만 아버지 상중에 너무 슬퍼한 탓인지 영영 기운을 회복하지 못하고 왕이 된 지 8개월 만에 눈을 감았어. 사람들은 나의 효성에 감동해 내가 묻힌 무덤에도 효릉이라는 이름을 붙여 주었어.

인종은 여덟 살에 성균관에 입학했다. 성균관은 조선 시대의 최고 교육 기관으로 지금의 서울 종로구 명륜동 성균관대학교 안에 있다. 성균관은 공자와 국내외 성현들에게 제사 지내는 문묘 구역과 학생들이 학문을 배우고 익히는 명륜당 구역으로 나뉜다. 150명 또는 200명의 학생들이 기숙사인 동재와 서재에서 기숙하며 명륜당에서 학문을 배우고 익혔다.

어마마마, 어마마마!

쯧쯧, 마마보이로군.

 나를 아는 데 필요한 정보 ❼

❶ 나 이환은 1534. 5. 22.~1567. 6. 28.까지 살았고, 1545. 7. 6.~1567. 6. 28.까지 왕이었다.
❷ 중종의 둘째 아들로 이복형 인종이 아들 없이 죽자 왕이 되었다.
❸ 어머니가 수렴청정하면서 외가가 나랏일을 쥐락펴락했다. 어려서부터 총명한 나였지만 막을 도리가 없었다.
❹ 안으로는 임꺽정의 난, 밖으로는 왜구의 침략(을묘왜변)을 받아 국가가 흔들흔들했다.
❺ 을묘왜변 이후 해군력을 크게 강화하였다. 판옥선을 도입하고 수군을 정비하는 등의 개혁을 추진했다.
❻ 어머니의 그늘에서도 인재를 뽑아 쓰고 선정을 펴려고 노력했으나 성과는 없었다.
❼ 어머니가 죽자 윤원형 일파를 숙청하고 정치를 안정시켜 갔다. 그러나 하늘은 내 편이 아니었나? 2년도 못 살고 죽었다.

13대 명종

끝없는 혼란에 나라가 흔들리다

명종이라는 이름을 보면 똑똑하고 현명한 임금이라는 느낌이 들지? 하지만 그 이름은 사람들의 바람을 담아 지었을 뿐, 나는 그렇지 못했어. 나는 아버지 중종과 어머니 문정 왕후 사이에 태어나 이복형 인종의 뒤를 이어 12세에 왕이 되었어. 어머니가 수렴청정을 하면서 외삼촌 윤원형이 나라를 쥐락펴락했어. 문제는 외삼촌 일파가 사리사욕을 채우려고 정치를 해 나라를 어지럽혔다는 거야. 이복형 인종의 외삼촌 윤임 일파를 없앤다고 애꿎은 선비들만 때려잡았고, 승려 보우를 총애해 불교 진흥책을 펴느라 국론만 분열시켰어. 돈을 주고 벼슬을 팔아 백성들을 고통에 빠뜨렸고, 살길이 막막해진 백성들은 임꺽정 같은 도적이 되었어. 엎친 데 덮친 격으로 왜구가 쳐들어와 전라도를 휩쓸었어. 하루도 바람 잘 날이 없었지. 어머니가 돌아가신 뒤 윤원형 일파를 내쫓고 나라를 바로잡고 싶었지만, 2년 만에 죽음을 맞았어. 22년이라는 짧지 않은 기간을 왕위에 있었건만, 한 일도 없고 뒤를 이을 후계자도 남기지 못했지.

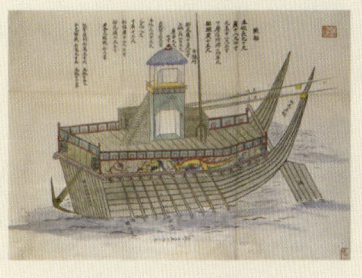

16세기에 왜구의 배가 2층 구조의 안택선으로 바뀌면서 조선도 기존의 전투선으로는 대응하기 어려워졌다. 이에 명종은 을묘왜변 이후 판옥선을 개발하여 해군력을 강화했다. 명종 10년인 1555년에 개발한 판옥선은 갑판이 2층으로 되어 있어서 노를 젓는 군사는 1층 갑판에서 안전하게 노를 젓고, 전투 병력은 2층 갑판에서 싸울 수 있었다. 판옥선은 임진왜란 때 맹활약을 했다. 사진은 조선 후기 각선도본에 그려진 판옥선이다.

문정 왕후와 외척의 시대가 열리다

중종과 문정 왕후 사이에서 태어난 명종은 어려서부터 학문을 좋아하고 총명했다. 위로는 이복형이 하나 있었으며, 이미 이복형이 세자로 책봉되어 있었다. 그러나 어머니 문정 왕후와 외삼촌 일파는 명종으로 세자를 바꿀 수 없을까 호시탐탐 노렸다. 그 와중에 중종이 죽고 이복형 인종이 즉위하였다. 명종이 왕이 될 길은 멀어지는 듯 보였다. 그러나 즉위 후 시름시름 앓던 인종이 채 1년도 되지 않아 죽자, 명종이 12세의 나이로 왕위에 올랐다.

나이 어린 명종을 대신하여 어머니 문정 왕후가 수렴청정을 하면서 문정 왕후의 오빠이자 명종의 외삼촌인 윤원형 일파도 세력을 얻었다. 명종이 왕이 된 지 한 달 반 만인 1545년 을사년에 윤원형 세력은 반대파를 몰아냈다. 인종의 외삼촌 윤임이 "명종 대신 다른 인물을 왕으로 세우려는 음모를 꾸몄다."며 탄핵을 받아 윤임 일파와 그 일가가 처형되거나 유배되었고, 그들의 아내와 딸들은 노비가 되었다. 윤원형 일파가 반대파 윤임 일파를 제거한 이 사건을 을사사화라 한다. 그 뒤 윤원형 일파는 막강한 권력을 오롯이 휘둘렀다. 인사 등 모든 일을 맘대로 해 관직에 오르려면 윤원형 일파에게 뇌물을 바치며 잘 보여야 했다.

한편 문정 왕후는 신하들과 유생들의 거센 반대에도 아랑곳하지 않고 도첩제를 실시하여 승려를 뽑고 승려 보우를 봉은사 주지로 앉히는 등 불교 진흥 정책을 폈는데, 건국 이념인 숭유억불 정책을 무시해 국정을 어지럽혔다.

친정은 이름뿐, 안팎으로 흔들리는 나라

1553년에 명종이 나라를 직접 다스리는 친정의 뜻을 밝히자, "대비가 임금에게 정권을 돌려주지 않을 것"이라며 걱정했던 사람들은 모두 다행으로 여겼다. 그러나 명종의 친정은 이름뿐, 여전히 실권자는 문정 왕후와 윤원형 일파였다. 윤원형은 영의정까지 오르면서 나랏일을 쥐락펴락했고, 부정과 비리, 뇌물이 넘쳐났다. 정치의 문란은 민생을 어지럽혀 윤원형 일파가 관아와 결탁하여 백성들의 땅을 빼앗는 경우가 많았다. 높은 세금과 이자로 괴로워하던 백성들은 땅까지 빼앗겨 시름에 젖었다. 1555년 을묘년에는 왜구가 70여 척의 배를 타고 전라남도 연안 지방을 습격했다. 중종 이후 조선과 왜구의 무역이 줄어든 것에 불만을 품고 벌인 일인데, 전라병사와 장흥부사 등이 전사하고, 영암군수가 사로잡혔다(을묘왜변). 반격에 나선 조선군이 왜구를 영암에서 크게 무찌른 뒤, 조정에서는 세견선 5척의 왕래를 허락해 무역을 늘려 주었다. 하지만 그 후에도 해안가는 불안한 나날들이 계속되었다.
북방은 북방대로 어지러워 함경도의 동북 6진에 이주했던 백성들이 대부분 남쪽으로 도망쳐 북쪽 국경의 방어 태세가 허술해지고 있었다.

1560년 9월에 명종은 국왕으로서의 권위를 과시하기 위해 창덕궁 서총대에서 연회를 베풀어 문신들에게 시를 지어 올리게 하고, 무신들에게 활을 쏘게 했다. 연회 장면 중 하나를 그린 〈명묘조서총대시예도〉이다.

모이면 도적, 흩어지면 양민

1562년 1월 8일, 3년 넘게 관군의 추적을 피하며 조선 전체를 뒤흔들었던 임꺽정이 체포되었다. 이 소식을 들은 명종은 "국가에 반역한 임꺽정 무리가 모두 잡혀 몹시 기쁘다."며 공을 세운 자들에게 큰 상을 내렸다. 왕은 '반적'이라 부르며 잡아들이라 했지만 백성들은 임꺽정을 '의적'이라 부르며 숨겨 주고, 같은 무리에 들기까지 했다. 사리사욕에 눈이 먼 관리들의 횡포와 높은 세금에 땅을 뺏기고 먹고 살길이 없어진 백성들은 모이면 도적, 흩어지면 양민이 되었다.

"도적이 성행하는 것은 수령이 괴롭히는 탓이며, 이는 재상이 청렴하지 못하기 때문이다. 재상들의 탐욕이 끝없기 때문에 수령들은 백성의 고혈을 짜내어 권력자들을 섬긴다. 곤궁한 백성들은 하소연할 곳이 없으니, 도적이 되지 않으면 살아갈 길이 없다."

《명종실록》에도 정치만 잘했다면 임꺽정의 난이 일어날 리 없었다고 쓰여 있다. 당시 더 큰 도적은 명종의 외삼촌이자 문정 왕후의 오빠로 사리사욕을 채우던 윤원형을 비롯한 권력자들이었다.

천하를 들었다 놓은 도적, 임꺽정

① 임꺽정은 백정 출신이었지만, 상인, 대장장이, 노비, 아전, 역리 등 실로 다양한 사람들이 그와 뜻을 같이했다. 구월산 등 산간 지대에서 시작된 활동은 평안도와 강원도, 안성 등 경기 지역으로까지 확대되어 갔다.

② 관에서는 임꺽정 일당을 추적했지만, 이들은 신발을 거꾸로 신고 다니면서 들어가고 나간 것을 헷갈리게 만들어 추적을 어렵게 했다. 이들은 관청이나 부자들이 백성들에게서 빼앗은 재물을 털어 다시 백성들에게 나누어 주었다.

문정 왕후의 죽음과 개혁의 시작

1565년에 조선을 쥐락펴락하던 문정 왕후가 죽었다. 명종이 왕위에 오른 지 20년 만이었다. 명종은 비로소 어머니 문정 왕후의 품에서 벗어나 자기만의 정치를 펼칠 수 있었다.

가장 먼저 철퇴를 맞은 것은 윤원형 일파와 승려 보우였다. 윤원형은 첩 정난정과 함께 유배되었다가 그 해에 죽었고, 보우도 이이의 탄핵을 받아 제주도로 유배되었다가 죽임을 당했다.

문정 왕후와 윤원형 일파가 사라지자, 명종은 인재를 고르게 뽑고 선정을 펴려고 애썼다. 조정은 안정되고 사회도 점차 질서를 되찾았다.

하지만 그동안 너무 시달린 탓인지 명종은 병을 얻어 2년 뒤인 1567년에 급작스럽게 세상을 떠났다. 4년 전에 이미 왕세자가 죽어 왕위를 이을 자식도 남기지 못한 상태였다. 이로써 직계로 이어지던 왕통이 끝이 났다.

③ 임꺽정이 잡히지 않자 현상금은 높아만 갔다. 그러자 가짜 임꺽정을 진짜로 둔갑시켜 출세를 해 보려는 자들도 많았다. 온갖 고문으로 가짜 임꺽정을 진짜로 둔갑시키려다가 발각되어 중형을 받거나 파직된 자들이 적지 않았다.

④ 임꺽정은 남치근이 이끄는 관군에게 잡혔다. 남치근은 구월산 아래에 진을 치고 임꺽정 일당이 산에서 내려오지 못하게 하며 궁지로 몰아넣었다. 임꺽정은 포위를 뚫고 도망치다가 먼저 붙잡힌 서림의 배반으로 잡혔다.

나를 아는 데 필요한 정보 ❼

① 나 이연은 1552. 11. 11.~1608. 2. 1.까지 살았고, 1567. 7. 3.~1608. 2. 1.까지 왕이었다.
② 조선 왕조 최초로 후궁의 자손인 방계로 왕위에 올랐다.
③ 백성을 생각해 쌀 한 톨도 땅에 떨어뜨리면 혼쭐을 냈다.
④ 나보고 쯔다 선조라고 하는데, 즉위 초에는 매일 경연을 즐기고 제자백가서를 애독했다.
⑤ 정통성이 약해 사림을 대대적으로 뽑아 정치 좀 잘해 보려고 했더니, 붕당을 지어 피 튀기며 싸웠다.
⑥ 붕당 다툼을 막지 못해 '기축옥사'로 아까운 사림 1000여 명을 잃었다.
⑦ 조선 최대의 국난, '임진왜란'을 겪었고, 나라와 백성을 버린 왕이라는 오명을 남겼다.

백성을 버리고 도망친 왕이 변명은….

왕이 잡히지 않아야 싸울 수 있어!!!

14대 선조

조선 최대의 국난, 임진왜란을 겪다

임진왜란 때 대활약을 펼친 거북선 알지? 이순신도 안다고? 그렇지. 이순신과 거북선은 실과 바늘 같은 관계니 모르면 바보지. 그럼 천 원짜리에 있는 이황, 오천 원짜리에 있는 이이도 알겠군. 우리 역사를 빛낸 최고의 인물들이니 얼굴이 떡하니 실렸겠지. 그런데 이 사람들이 다 나의 신하라는 건 알아? 아마 조선 왕 가운데 신하 복은 내가 으뜸이었을 거야. 그래서 후세가들은 나의 시대를 '목릉성세'의 시대라고 치켜세우기도 해. 수많은 인재가 활동하고 문물이 크게 발전한 시대라는 뜻이라나? 그런데 사람들은 '선조' 하면 임진왜란 때 '나라와 백성을 버린 왕', '쪼다 왕'을 먼저 떠올려. 억울하기 짝이 없지만 어느 정도는 인정해. 방계로 왕위에 올라 잘해 보자고 사림을 불러들였더니, 동인입네 서인입네 하며 하루가 멀다 하고 정권 다툼을 벌이더군. 하지만 나는 신하들을 휘어잡을 능력이 없었어. 게다가 임진왜란까지 터져 온 나라가 쑥대밭이 되고 말았으니, 입이 두 개라도 할 말은 없지….

선조는 학문을 좋아하고 예술에도 조예가 깊었다. 특히 그림을 잘 그렸는데, 명나라에까지 솜씨가 알려졌다. 태조부터 경종까지 조선 왕의 글을 모아 엮은 《열성어필》에 실린 선조가 그린 〈난죽도〉이다.

조선 최초 방계 출신으로 왕이 되다

1567년 어느 여름밤, 하얀 옷을 입은 소년이 낯선 방 안을 찬찬히 둘러보았다. 궁궐을 드나들기는 했지만 처음 보는 곳이었다. "전하, 소인은 이만 물러가옵니다."라는 소리에 소년은 몸 둘 바를 몰랐다. 소년은 불과 몇 시간 전만 해도 숱한 왕손 가운데 하나이던 하성군 이균(왕이 된 뒤 이연으로 바꿈)이었다.

하성군은 얼마 전 작은아버지인 명종이 젊은 왕손들을 불러 놓고 익선관을 써 보라고 한 일이 떠올랐다. 명종의 조카라고 하지만 하성군의 아버지는 중종과 후궁 사이에서 난 여덟 번째 아들이었고, 하성군은 그 여덟 번째 아들의 셋째 아들이었다. 방계 왕손에 서자의 아들인 하성군에게 왕의 차례가 올 리 없었다.

그런데 일찍 세자를 잃은 명종은 뒤를 이을 아들이 없자, 조카 중에서 왕이 될 만한 재목을 은밀히 찾았다. 명종은 조카들에게 선생을 붙여 공부를 가르치며 됨됨이를 눈여겨보았다. 요모조모 아무리 뜯어보아도 하성군은 군계일학이었다. 명민하기 그지없는 데다 어찌나 공부를 잘하는지 선생들도 쩔쩔맸다. 얼굴과 자태도 무척 고와서 명종은 하성군을 남달리 아꼈다.

같은 해 7월 3일, 방계 자손으로는 최초로 하성군이 즉위하니, 14대 선조이다. 그동안 훈구파와 외척의 권세에 눌려 지내던 양반도, 탐관오리에게 시달리던 백성도 선조가 훈구파와 외척이 어지럽힌 나라를 바로 세우기를 간절히 바랐다.

"익선관을 써 보거라."
선조 즉위와 관련해 《선조실록》과 《광해군일기》에 다음과 같은 기록이 있다. 명종은 어느 날 하성군을 비롯해 왕손들을 가르치다가 "너희들 머리가 큰지 작은지 알아보려고 하니 익선관을 써 보거라." 했다. 다른 왕손들은 다 써 보았다. 하지만 나이가 제일 어린 하성군은 두 손으로 익선관을 공손히 받아 들고는 "이것이 어찌 보통 사람이 쓸 수 있는 것입니까?" 하면서 명종 앞에 도로 가져다 놓았다. 명종은 하성군을 기특히 여겨, 다음 왕위를 이을 후계자로 점찍었다고 한다.

사림을 등용해 조정에 새바람을 일으키다

엉겁결에 왕위에 오른 선조는 훈구파와 외척의 틈바구니에서 사림을 보호하려고 애쓴 영의정 이준경을 원상으로 삼았다. 그리고 자신이 만들어 갈 새 시대를 향해 조심스레 한 걸음씩 떼었다. 새 집을 지으려면 튼튼한 기둥이 필요하듯 조선이 거듭나려면 학식과 덕망을 갖춘 인재가 필요했다. 선조는 이황과 이이, 기대승 같은 대학자들을 불러들였다. 이들이 조정에 나오자, 사림들도 속속 조정으로 돌아왔다.

선조는 경연을 부지런히 열어 나라를 다스리는 데 필요한 학문을 열심히 배웠다. 경연관이 놀랄 만큼 선조의 학문은 하루가 다르게 깊고 넓어졌고, 왕으로서 갖추어야 할 품성과 자질도 갈수록 여물었다. 임금이 변하자 조정의 분위기도 바뀌었다. 신하들은 마음을 다해 나라를 다스리는 데 필요한 정책이나 왕의 도리를 간언했다. 1568년에 이황은 선조가 성군이 되기를 바라며 〈성학십도〉를 올렸다. 이이도 뒤질세라 이듬해 왕도 정치를 쉽게 풀어쓴 《동호문답》을 올렸다. 이제 사림파가 조정의 핵심 세력이 되었고, 훈구파는 자취를 감추었다. 새 시대가 시작된 것이다.

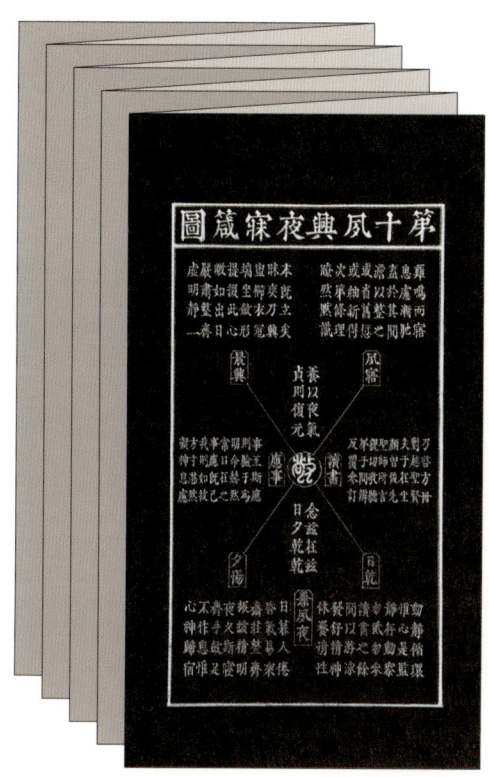

'숙흥야매잠도'라…. '새벽부터 밤늦게까지 공부하라.'는 뜻이군. 좌우에 두고 아침저녁으로 보면서, 반성하고 또 반성하며 성군이 되어야지.

이제야 이치를 조금 깨치신 모양인데, 갈 길이 멀구나.

〈성학십도〉는 성리학의 원리를 그림으로 쉽게 풀이한 10폭짜리 병풍이다. 제1도인 '태극도'부터 시작해 '서명도', '소학도', '대학도', '백록동규도', '심통성정도', '인설도', '심학도', '경재잠도', 제10도인 '숙흥야매잠도'로 이루어져 있다. 제1도에서 제5도까지는 우주 만물이 어떻게 생겨났는지부터 인간이 지켜야 할 도리까지 밝혀 놓았다. 제6도에서 제10도까지는 인간의 본성과 본성을 잘 갈고닦는 마음공부에 대하여 설명해 놓았다.

붕당 정치 시대가 열리다

이조 전랑 자리가 무엇이기에

이조 전랑은 이조의 정5품 정랑과 정6품 좌랑을 합쳐 부르는 말이다. 사헌부, 사간원, 홍문관의 관리를 임명하고, 후임자를 추천할 수 있는 노른자위 벼슬자리였다. 만약 같은 붕당에서 이조 전랑 자리를 차지하면, 같은 붕당 사람을 더 많이 좋은 자리에 앉힐 수 있기 때문에 붕당 다툼의 원인이 되기도 했다.

하지만 얼마 안 가 사림파 사이에 틈이 벌어졌다. 선조가 왕위에 오른 후 조정에 나온 젊은 사림은 훈구파와 외척 밑에서 벼슬을 산 이준경 같은 나이 든 사림이 못마땅했다. 젊은 사림은 무리를 지어 다니며 나이 든 사림을 비판했다. 나이 든 사림은 젊은 사림이 지난 시대가 얼마나 살벌했는지도 모르면서 함부로 입을 놀린다고 분통을 터트렸다.

1572년 오건이 이조 정랑에서 물러나며 후임으로 젊은 사림의 우두머리 격인 김효원을 추천했다. 곧바로 명종의 외척인 심의겸이 나서서 "김효원은 간신 윤원형의 집에 들락거렸다."며 반대했다. 결국 2년 뒤 김효원은 이조 정랑에 앉았다.

그러나 1575년 심의겸의 동생 심충겸이 이조 정랑 자리에 거론되자 김효원은 "정랑이 외척 집안의 물건이냐?"고 강하게 반대하며 심의겸을 공격했다. 이 일을 빌미로 사림파는 김효원을 지지하는 '동인'과 심의겸을 지지하는 '서인'으로 붕당을 지었고, 결국 동인이 이겨 나랏일을 이끌어 갔다. 하지만 동인과 서인의 다툼은 갈수록 심해졌다. 선조는 "붕당을 짓지 말라."고 달래도 보고, "붕당을 짓는 자는 나의 신하가 아니다."라며 꾸짖기도 했지만 쇠귀에 경 읽기였다.

> 일단 동인이 이겼으니, 동인 편에 서야지.

동서 붕당

	사림	
	동인	서인
동인, 서인이라 부른 까닭	김효원의 집이 서울 동쪽인 건천동에 있어서	심의겸의 집이 서울 서쪽인 정릉동에 있어서
우두머리	허엽(대사헌)/젊다	박순(좌의정)/나이가 많다
지역	경상도	경기도, 충청도
학맥	이황, 조식	이이, 성혼
주요 인물	유성룡, 김성일 등	정철, 윤두수 등

정여립 때문에 피바람이 불다

조선이 들어선 지 200여 년이 다 되어 갔고, 선조가 즉위한 지도 어느덧 15년이 넘었다. 집이 오래되면 낡듯이 나라도 마찬가지였다. 1583년 서인인 이이가 백성의 세금을 가볍게 해 주고, 국방을 튼튼히 할 것을 주장했다. 선조가 이이의 의견에 따라 개혁을 펴려고 하자, 이이를 비판하는 동인의 상소가 줄을 이었다. 서인도 질세라 상소를 올려 동인을 비판했다.

선조는 "서인을 해치고 싶다면 짐도 해치라."는 폭탄선언까지 하며 싸움이 커지는 걸 막으려 했다. 하지만 동인은 서인에 대한 공격의 고삐를 늦추지 않았다. 그런데 어찌 된 까닭인지 선조는 그저 지켜만 보았다. 기회를 보아 서인을 주요 자리에 앉혀 붕당 다툼을 줄이고, 왕권을 강화하려는 속셈이었다. 하지만 뜻대로 되지 않았다.

1589년에 '정여립 모반 사건'이 터졌다. 선조는 서인의 우두머리인 정철에게 사건을 맡겼고, 3년여에 걸쳐 동인 쪽 사림 1000여 명이 떼죽음을 당했다. '기축옥사'이다. 기축옥사는 서인이 동인을 몰아내려고 꾸민 사건이나 다름없었다. 결국 선조는 서인의 힘이 지나치게 커질까 두려워 정철을 내쫓고, 기축옥사를 마무리했다. 선조가 붕당 다툼을 이용해 왕위를 지키느라 급급할 때 나라 밖에서는 심상치 않은 바람이 불고 있었다.

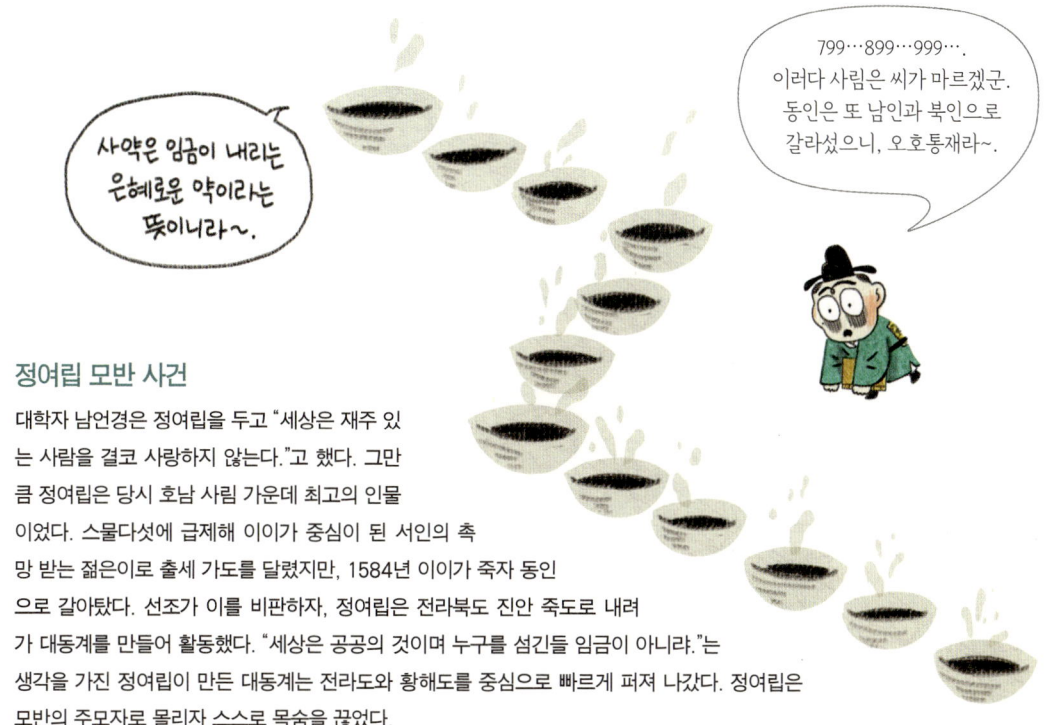

정여립 모반 사건

대학자 남언경은 정여립을 두고 "세상은 재주 있는 사람을 결코 사랑하지 않는다."고 했다. 그만큼 정여립은 당시 호남 사림 가운데 최고의 인물이었다. 스물다섯에 급제해 이이가 중심이 된 서인의 촉망 받는 젊은이로 출세 가도를 달렸지만, 1584년 이이가 죽자 동인으로 갈아탔다. 선조가 이를 비판하자, 정여립은 전라북도 진안 죽도로 내려가 대동계를 만들어 활동했다. "세상은 공공의 것이며 누구를 섬긴들 임금이 아니랴."는 생각을 가진 정여립이 만든 대동계는 전라도와 황해도를 중심으로 빠르게 퍼져 나갔다. 정여립은 모반의 주모자로 몰리자 스스로 목숨을 끊었다.

바다 건너에서 전쟁 바람이 불어오다

무너진 군역 제도

조선은 노비를 제외하고 16세~60세까지 남자는 모두 군역을 져야 했다. 하지만 임진왜란이 일어날 무렵에는 군역 제도가 무너져 양반이나 돈 있는 자들은 포를 바치고 훈련에 빠졌다. 이들이 바친 포는 탐관오리의 주머니로 들어갔다. 또 사람을 사서 대신 훈련을 받게 하는 일도 많았다. 군적에는 올라 있지만, 실제 훈련을 받은 군사는 턱없이 모자랐다.

1589년에 일본에서 외교 문서 한 통이 날아들었다. 문서에는 '정명가도', 즉 "명나라를 칠 테니 조선은 길을 빌려 달라!"는 내용이 들어 있었다. 조정은 벌집 쑤신 듯 시끄러웠다. 한낱 왜구 주제에 감히 조선을 협박하다니, 당장 본때를 보여 주자는 의견이 줄을 이었다. 하지만 조선이 붕당 다툼에 빠져 있는 동안 동아시아 사정이 크게 바뀌었다. 만주에서는 여진족이 힘을 키워 나갔고, 일본에서는 도요토미 히데요시가 100여 년 동안 갈라져 싸우던 일본을 통일했다. 이제 일본은 노략질이나 일삼는 '한낱 왜구'가 아니었다.

선조는 일단 일본의 사정을 알아보자는 의견을 받아들여 1590년 3월, 통신사를 보냈다. 그런데 이듬해 통신사 일행이 돌아와 전하는 말은 완전 딴판이었다. 서인인 정사 황윤길은 전쟁이 날 분위기라 했고, 동인인 부사 김성일은 일본이 그저 조선을 협박하는 것이라고 했다. 선조와 조정은 동인의 의견을 받아들여 전쟁이 일어나지 않으리라 보았다. 그러나 만일에 대비해 남쪽 지방의 성벽 일부를 수리하라는 명을 내렸고, 이순신을 전라 좌수사로 삼았다. 붕당 사이에서 갈팡질팡하는 왕과 붕당만 앞세우는 권력자들이 조선을 벼랑 끝으로 내몰고 있었다.

일본이 임진왜란을 일으키다

1592년 4월 13일, 부산 앞바다가 일본군 배로 새까맣게 뒤덮였다. 부산진성과 동래성을 빼앗은 일본군은 세 방향으로 나누어 한양을 향해 파죽지세로 치고 올라왔다. 선조는 급히 광해군을 세자로 삼고, 4월 30일 새벽 장대 같은 비를 뚫고 피란길에 올랐다. 일본군은 조선 땅을 밟은 지 20일 만에 한양을 손에 넣었고, 60일 만에 평양까지 집어삼켰다. 6월 23일 의주에 도착한 선조는 명나라에 지원군을 요청했다.

수군과 의병, 전세를 뒤집다

평양성을 빼앗은 일본군 제1군 대장 고니시 유키나가의 편지를 든 선조의 손이 부들부들 떨렸다. 편지에는 "우리 군 10만 명이 서해로부터 또 옵니다. 그대는 어디로 가시렵니까?"라고 씌어 있었다. 국경 끝까지 간 선조에게 더는 갈 곳이 없으니 그만 항복하라는 내용이었다.

하지만 아무리 기다려도 일본군 10만 명은 오지 않았다. 이순신이 이끄는 조선의 무적함대가 남해안을 든든히 지키고 있었기 때문이다. 애초 일본군은 이동하기 쉽고, 물자도 더 많이 실어 나를 수 있는 바다를 이용해 평양과 함경도까지 올라간 일본군을 지원하려 했다. 하지만 조선 수군의 활약으로 일본군의 계획은 보기 좋게 무너졌다.

일본군은 좁고 험한 육로를 이용할 수밖에 없었다. 그런데 육지에서도 의병이 들불처럼 일어나 일본군을 곳곳에서 물리쳤다. 일본군은 바닷길은 수군에 막히고, 육지에서는 의병에 막혀 오도 가도 못 하는 신세가 되었다. 12월에는 명나라 지원군이 압록강을 건너왔다. 선조는 작전 지휘권과 외교권을 명나라 군에 넘겨주었다. 조명 연합군은 1593년 3월, 한양을 되찾았다. 선조는 '나라와 백성을 버린 왕'이라는 소리를 들으며 피란을 떠난 지 17개월 만인 그해 10월, 마침내 한양으로 돌아왔다.

명나라 지원군이 도착한 뒤부터 일본은 명나라와 강화를 맺으려고 했다. 작전 지휘권과 외교권을 명나라에 넘긴 조선은 명나라와 일본이 조선 땅을 놓고, 서로 더 많이 차지하려고 아웅거리며 강화 회담을 벌이는 꼴을 그저 지켜봐야만 했다.

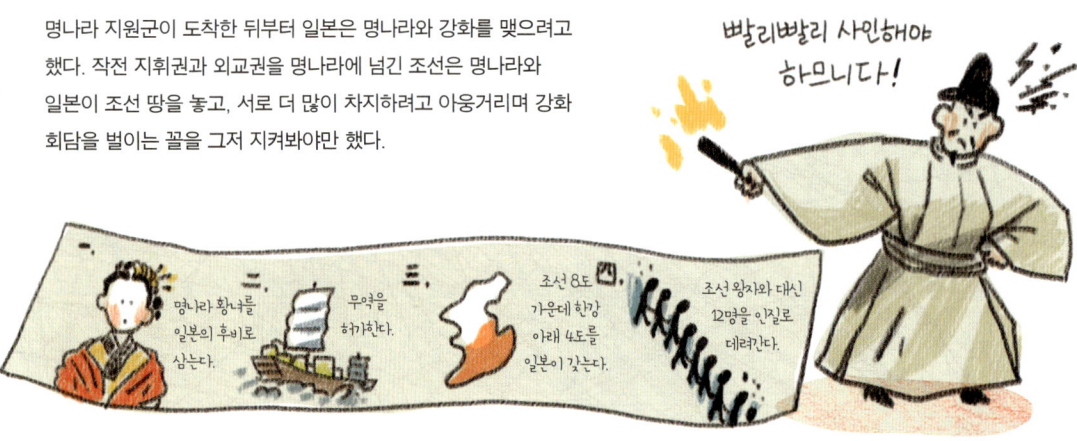

● 임진왜란 전개 과정 ●

1592. 4. 28.	1592. 5. 3.	1592. 5. 24.	1592. 7. 8.	1592. 10. 6.~10.	1593. 1. 6.~9.
조선 최고의 맹장 신립이 이끄는 조선군이 탄금대에서 크게 지다.	일본군이 피 한 방울 흘리지 않고 한양에 들어오다.	곽재우 의병 부대가 정암진에서 일본군을 무찌르다.	한산 대첩으로 조선 수군이 남해 바다의 제해권을 쥐다.	진주 목사 김시민이 민관군을 이끌고 진주성에서 큰 승리를 거두다.	조명 연합군이 평양성을 되찾다.

승리한 전쟁, 그러나 상처만 남다

한양은 잿더미로 변해 있었다. 선조는 굶주린 백성에게 먹을 것을 나누어 주고, 각 지방에 암행어사를 잇달아 보내 나라가 건재하다는 걸 보여 주려고 애썼다. 하지만 나라와 백성을 버린 왕이라는 오명은 쉽게 씻을 수 없었다. 1597년에 4년을 질질 끌던 강화 회담이 깨지자 일본군이 다시 쳐들어왔다. 그러나 조선도 훈련도감을 두어 군사를 훈련시키고, 조총 사용법을 가르치는 등 많은 준비를 하여 1598년 11월, 노량 해전을 끝으로 일본군을 완전히 몰아냈다.

백성의 마음을 어루만지고 전쟁의 상처를 추슬러야 할 때였다. 선조는 복구에 힘을 기울이는 한편, 사명 대사를 일본에 보내 포로 3000명을 돌려받았다. 그러나 전쟁 통에 잠잠하던 붕당 다툼이 다시 일어나 선조는 신하들 눈치 보느라 여념이 없었다. 그러던 중 1606년에 두 번째 왕비 몸에서 적장자인 영창 대군이 태어났다. 선조의 마음은 급속히 영창 대군에게 쏠렸다. 하지만 끝내 깊어진 몸과 마음의 병을 이기지 못하고 1608년 2월, 파란만장한 삶을 마쳤다.

속 보이는 공신 책봉

임진왜란이 끝난 뒤 선조는 공신을 포상해 전쟁을 마무리 지었다. 그런데 전투에서 공을 세운 선무공신은 고작 18명뿐이고, 피란길을 수행한 호성공신이 무려 122명이나 되었다. 심지어 말을 끈 말구종까지 호성공신이 되었다. 하지만 동래 부사 송상현도, 최초의 의병장 곽재우도, 전쟁터를 누비며 조정을 이끈 세자 광해군도 모두 공신 명단에서 빠졌다.

1593. 2. 12. 권율이 이끄는 조선군이 행주산성에서 일본군을 크게 무찌르다.

1593. 4. 명나라와 일본이 본격적으로 강화 회담을 시작하다.

1597. 1 21. 강화 회담이 깨지고, 일본군이 다시 쳐들어오다. (정유재란)

1597. 8. 13.~25. 남원성과 전주성이 함락되다.

1597. 9. 16. 이순신이 이끄는 조선 수군이 명량에서 일본군을 깨트리다.

1598. 11. 9. 노량 해전에서 이순신이 이끄는 조선 수군이 일본군을 크게 무찌르다.

나를 아는 데 필요한 정보 ❼

❶ 나 이혼은 1575. 4. 26.~1641. 7. 1.까지 살았고 1608. 2. 2.~1623. 3. 12.까지 왕이었다.
❷ 임진왜란 덕분(?)에 세자가 되어 나의 능력을 증명해 보였다.
❸ 아버지 선조의 적통, 영창 대군이 태어나면서 세자의 자리에서 쫓겨날 뻔했다.
❹ 여러 당파를 아울러 연립 정권을 꾸려 왜란으로 폐허가 된 나라를 되살리는 데 온 힘을 다했다.
❺ 꺼져 가는 대국 명나라와 점점 커 가는 사나운 후금의 싸움에 끼어들지 않도록 외교 정책에 각별히 신경 썼다.
❻ 화포도 제작하고 화약 원료도 구입하고 군사도 키웠다.
❼ 서인들이 나를 의리 없는 왕, 패륜아라며 쿠데타를 일으켜 궁에서 내쫓았다.

저리 영민한 왕이…, 쯧쯧.

정세 변화를 계산해 보면….

15대 광해군

실리 외교로 조선을 지키다

내게는 동생을 죽이고 어미를 내쫓은 패륜아이자 폭군이라는 낙인이 찍혀 있었어. 연산군처럼 왕자 때의 이름으로 부르면서 왕으로 보지도 않았어. 나도 할 말이 많아. 권력은 무정한 거야. 동생을 왕으로 삼아 반역하려는 무리가 동생을 죽게 한 거야. 어느 왕이 자신에게 도전하는 자를 놔두겠어. 나는 임진왜란으로 황폐해진 나라를 되살리기 위해 백성들에게 곡식을 나눠 주고 농사를 권장했어. 《동의보감》을 펴내 백성들의 건강을 돌본 것도, 대동법을 실시해 백성들의 부담을 덜어준 것도, 명나라와 후금 사이에서 중립을 지켜 전쟁의 위험을 막아 낸 것도 나야. 하지만 양반들은 백성들을 먼저 배려하면 양반을 무시한다고 비난하고, 대동법으로 백성들의 부담을 덜어 주면 땅 부자에게만 세금을 매긴다고 비난하고, 중립 외교도 명나라의 은혜를 저버린 짓이라고 비난했어. 그렇지만 이제 역사가 내가 한 일을 제대로 드러내고 있지.

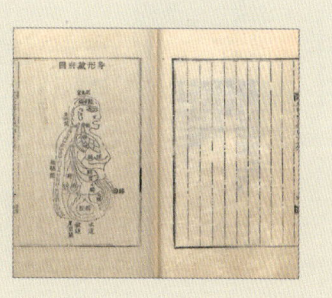

《동의보감》은 허준이 16년에 걸쳐 완성한 의학 백과사전으로, 중국과 우리나라의 여러 의학 서적을 참조해 지었다. 선조의 명을 받은 허준이 광해군의 도움을 받아 광해군 2년인 1610년에 완성해 1613년에 의원들의 재교육 교재로 펴냈다. 환자가 느끼는 증상을 중심으로 서술하여 찾아보기 쉽게 했으며, 구하기 힘든 중국 약재보다 우리 토종 약재를 쓰도록 처방했다. 현재 남아 있는 《동의보감》 3종은 각각 국보 제319-1, 2, 3호로 지정되었으며 2009년 유네스코 세계기록유산으로 등재되었다.

왕으로 가는 길은 멀다

광해군은 선조와 후궁인 공빈 김씨 사이의 둘째 아들이었다. 선조는 왕비인 의인 왕후에게서 아들을 얻지 못하고 후궁에게서 13명의 왕자를 낳아 세자를 정하는 문제가 쉽지 않았다. 선조는 "반찬 중에 으뜸이 무엇이냐?", "너희들이 부족하게 여기는 것이 무엇이냐?", "어떤 물건을 가지겠느냐?" 등을 물으며 왕자들을 시험했는데, 광해군은 "소금", "효성", "붓과 먹"을 답하며 그 총명함과 학문을 인정받았다. 하지만 세자로 책봉되지는 못했다. 1592년 임진왜란이 발발하자 다급해진 선조와 조정은 마침내 광해군을 세자로 책봉했다. 전쟁 동안 광해군은 전국을 돌아다니며 민심을 수습하는 등 세자로서 능력을 발휘하였다.

그러나 왕으로 가는 길은 순탄하지 않았다. 명나라는 세자 책봉 때부터 장자가 아니라는 이유로 광해군을 세자로 인정하지 않았다. 게다가 계비인 인목 왕후가 영창 대군을 낳자 선조도 흔들리기 시작했다. 은근히 영창 대군의 세자 책봉을 청하는 세력이 생겨나, 세자를 지지하는 대북파와 다투었다. 선조 후반기, 영창 대군 지지 세력이 권력을 잡으면서 세자와 대북파의 앞날은 누구도 예측할 수 없었다. 그러나 선조가 갑자기 사망하면서 광해군은 가까스로 왕의 자리에 올랐다.

연립 정국으로 민생을 안정시키다

왕위에 오른 광해군 앞에는 만만치 않은 과제가 놓여 있었다. 왜란으로 피폐해진 백성들의 삶을 안정시키려면 무엇보다 붕당 다툼부터 막아야 했다. 광해군은 즉위 후 20여 일 만에 "이제부터는 이 당과 저 당을 막론하고 오직 어진 인재만을 거두어 시대의 어려움을 헤쳐 나가겠소."라고 붕당을 뛰어넘어 인재를 등용할 것임을 발표했다.

먼저 영의정에 남인 이원익을 임명하되, 서인 이항복과 남인 이덕형도 중용했다. 그동안 광해군을 지지해 온 대북파는 주로 인사나 언론을 담당하게 했다. 광해군이 정치의 중심에 서서 신하들 사이의 균형을 잡아 주자, 정국은 안정되고 백성을 위한 방책들이 나왔다.

대표적인 것이 1608년에 경기도에서 시범 실시한 대동법이다. 대동법은 각 지방에서 공납으로 내는 특산물 대신 토지에 매긴 세금이다. 토지를 가진 양반 지주와 관료들은 반대했지만, 토지가 없는 가난한 백성들은 무거운 공납의 부담에서 벗어날 수 있어 열렬히 환영했다.

임진왜란으로 고향을 떠난 백성들을 조사하여 호적을 새로 정리하는 한편, 논밭을 다시 조사해 세금을 매겼다. 1610년에는 "백성을 괴롭히는 것으로 없앨 수 있는 것은 없애고 굶주린 자들을 착실히 구휼해 목숨을 잃는 노약자가 없도록 하라."는 전교를 내려 정국 안정에 더욱 박차를 가했다. 또 허준으로 하여금 《동의보감》을 편찬케 해 백성들이 쉽게 치료 받을 수 있게 하고, 임진왜란 때의 충신, 효자, 열녀의 이야기까지 담은 《동국신속삼강행실도》를 편찬하여 백성들이 모범을 삼을 수 있게 했다.

대동법

조선의 세금 제도는 크게 세 가지로 나뉜다. 토지세인 전세, 국가에 필요한 병력과 노동력을 제공하는 군역과 요역, 국가가 필요로 하는 물품 즉 특산물을 내는 공납이다. 공납은 양반 지주나 가난한 농민이나 똑같이 부담해 형평에 맞지 않았다. 조선 중기 이후 특산물을 대신 구해 관청에 내고 백성들에게 돈을 받는 방납업자가 생겨났다. 그들은 관리들과 짜고 싸게 마련할 수 있는 공물까지 비싸게 물려 공납을 피해 도망가는 농민들이 생기기도 했다. 이런 폐단을 해결한 것이 대동법이다. 광해군 때 선혜청을 설치하여 처음으로 시행했다. 부과 기준을 토지로 바꾸고 특산물을 쌀로 바꾸니 토지가 많은 부자는 많이 납부하고 토지가 없는 이는 면제되었다. 가난한 백성들의 고충을 해결한 조선 시대 최대의 개혁이었다.

광해군 최고!!!

시대를 앞서간 군주, 실리 외교 정책을 펴다

광해군은 중국의 상황을 예의 주시했다. 임진왜란 후 명나라의 힘은 점점 약해지는 반면, 만주에서는 만주족을 통일한 누르하치가 1616년에 후금을 세우고 급격히 세력을 키우고 있었다. 임진왜란 당시 분조(조정의 일부)를 이끌면서 전국을 두루 돌아다닌 광해군은 전쟁의 참상을 누구보다 더 잘 알았다. 광해군은 전쟁의 참화를 피하려고 다각도로 노력했다.

먼저 내부의 반대를 무릅쓰고 "영원히 함께할 수 없는 원수"인 일본과 1609년에 국교를 정상화하면서 대후금 정책에 힘을 실었다. 수시로 역관을 누르하치의 영토로 들여보내 동향을 파악하고, 조선의 내부 정보가 새어 나가지 않도록 했다. 만주족을 다독이는 한편, 활과 화살, 창검, 화포를 만들고 일본에서 조총을 수입하려 하는 등 군비를 강화하여 침략에 대비했다.

1618년 후금이 명나라에 선전포고를 하자, 명나라는 임진왜란 때 조선에 10만 대군을 보낸 것을 언급하며 지원군을 보내라고 요구했다. 하지만 광해군은 지원군을 보낼 생각이 없었다. 지원군을 보냈다가 후금이 쳐들어올 수도 있었기 때문이다.

광해군은 먼저 "황제가 내린 칙서가 아니다."라는 절차상의 문제를 지적하며 요구를 받아들일 수 없다고 했다. 또 북경으로 사신을 줄줄이 보내어 "조선은 사방에서 적에게 둘러싸여 있다.",

> 나라가 망하더라도 대의를 저버릴 수 없다고 주장하는 신하도 있었다잖아.

"임진왜란의 피해에서 아직 회복되지 못해 군사력이 미약하다.", "일본이 다시 침략할 위협이 여전하다."는 등 온갖 꼬투리를 잡아 지원군을 보낼 수 없음을 알렸다.

그러나 신하들은 달랐다.

"어찌 지난날의 의리를 저버리려 하시옵니까? 파병을 서두르셔야 하옵니다, 전하."

명나라 사신들이 하루가 멀다 하고 지원군을 빨리 보내 달라며 조선을 오고 갔다. 대국을 무시하면 어떤 꼴을 당할지 아느냐며 으름장을 놓기도 했다. 후금은 파병하지 말 것을 경고하는 국서를 보내 왔다. 조정 또한 벌집 쑤셔 놓은 듯 시끄러웠다.

결국 광해군은 1619년에 도원수 강홍립이 이끄는 1만 3000여 명의 지원군을 보낼 수밖에 없었다. 광해군은 강홍립에게 "정세를 잘 살펴 어찌할지 정하라!"며 밀명을 내렸다. 명나라 군이 이길 것 같으면 전력을 다해 싸우되, 질 것 같으면 항복해 군사를 보존하라는 것이었다. 결국 명나라 군이 패하자, 강홍립은 후금에 투항해 군사를 보존했다.

이후로도 명나라는 끊임없이 조선에 지원군을 요구했다. 광해군은 명나라의 요구에 거부 입장을 분명히 했다. 조선은 평안도를 잘 지키는 것이 명나라를 돕는 최선의 길이라는 역공을 펼치고 후금과는 계속 접촉하며 정보를 주고받았다.

그러나 명나라를 부모의 나라로 섬기고 후금을 오랑캐로 멸시하는 신하들은 광해군의 외교 정책을 도저히 받아들일 수 없었다. 신하들은 광해군을 대의를 모르는 배은망덕한 왕으로 몰았다. 한편 대북파의 강경 세력은 역모 사건을 만들어 반대파인 서인들을 몰아낸 뒤, 이복동생인 영창 대군을 유배해 죽이고 계모인 인목 대비까지 폐위했다.

> 신하를 잘 둬야지. 대북파의 강경 세력이 왕을 잡아먹네, 먹어.

이에 불만을 품은 서인들은 1623년 능양군을 중심으로 인조반정을 일으켜 광해군을 대의도 모르는 왕, 부모 형제도 모르는 패륜아로 몰아 내쫓았다. 광해군은 당대 최고의 외교 정치가로 조선을 지켜 내었지만, 죄인으로 비참한 말년을 보내다 1641년 67세를 일기로 눈을 감았다.

> 오랑캐라고 무시하다가 무슨 망신이람?

> 힘도 없으면서 큰소리만 치더니….

 나를 아는 데 필요한 정보 ❼

① 나 이종은 1595. 11. 7.~1649. 5. 8.까지 살았고, 1623. 3. 13.~1649. 5. 8.까지 왕이었다.
② 할아버지 선조의 사랑을 듬뿍 받았다. 5~6세 때부터 선조가 친히 가르치며 아주 기특하게 여기셨다.
③ 광해군을 반정으로 몰아내고 스스로 왕위에 올랐다.
④ 어린 시절부터 말이 없어서 곁에 있는 궁녀들이 하루 종일 말 한 마디 듣지 못할 때도 있었다.
⑤ 글을 아주 잘 지었으나 절대 써서 남기지 않았다. 만에 하나 실수하면 꼬투리 잡힐까 봐 그랬다.
⑥ 어머니와 동생이 아프면 손가락을 깨물어 피를 흘려 넣을 정도로 효성이 지극하고 형제간의 우애가 깊었다.
⑦ 반정의 명분인 친명배금을 지키려다 정묘호란과 병자호란의 참극을 겪었다.

16대 인조

조선 최대의 굴욕, 병자호란을 겪다

패륜을 저지르고 오랑캐와 손잡은 삼촌 광해군을 몰아내고 왕위에 올랐을 때만 해도 청나라에 이런 치욕을 당하리라고는 생각도 못했어. 나는 광해군과 다르다는 것을 보이기 위해서라도 명나라 편에 서서 후금과 맞섰어. 온 겨레가 똘똘 뭉치면 오랑캐쯤이야 무찌를 수 있다고 생각했지. 하지만 후금은 군사력이 매우 셌어. 3만이 쳐들어왔는데도 강화도로 피난 가야 했거든. 그래도 오랑캐와 맞서는 정책을 바꿀 수는 없었어. 그랬다가는 삼촌처럼 쫓겨날 테니까. 호랑이 등에 올라탔으니 내릴 수 없는 신세였지. 청나라로 이름을 고친 후금은 군신 관계를 요구했고, 우리는 이를 거부했어. 그랬더니 이번에는 청 태종이 12만 대군을 이끌고 쳐들어왔어. 남한산성으로 피해 50일 남짓 싸웠지만 추위와 굶주림으로 항복할 수밖에 없었어. 한겨울에 세 번 절하고 아홉 번 머리 조아리는 치욕을 겪었지. 나는 두 차례의 전쟁으로 백성들을 고통으로 밀어 넣었어. 인조라는 묘호처럼 '어진 왕'이 되었으면 좋았을 텐데, '모진 왕'이 된 것 같다.

서울 송파구에 있는 삼전도비는 청나라의 요구에 따라 인조 17년인 1639년에 세워졌다. '대청황제공덕비'라는 제목 아래 인조가 청 태종에게 항복한 사실을 앞면에는 만주 문자와 몽고 문자로, 뒷면에는 한자로 적어 놓았다. 해방 후 지역 주민들이 치욕스럽다 하여 땅에 묻은 적도 있으나, '치욕의 역사도 역사'라는 판단 아래 사적 101호로 지정했다.

스스로 반정을 일으켜 왕위에 올랐다

선조의 다섯째 아들인 정원군의 장남이며 광해군의 조카인 능양군이 왕위에 오르는 것은 거의 불가능했다. 그러나 막냇동생이 역모 사건으로 죽임을 당하고 아버지마저 화병으로 세상을 뜨자, 능양군은 광해군에게 불만이 많았던 김류, 이귀, 이괄 등 서인 세력과 함께 반정을 일으켜 광해군을 몰아내고 왕위에 오를 계획을 세웠다. 1623년, 능양군의 친위 부대와 서인 세력이 궁궐에 불을 지르고 창덕궁에 쳐들어갔다. 광해군은 담을 넘어 도망쳤으나 곧 붙잡혀 인목 대비 앞으로 끌려갔다. 반정의 명분은 광해군이 이복형제들을 죽이고 인목 대비를 가두어 두는 등 패륜 행위를 저질렀다는 것과 명나라를 소홀히 하고 오랑캐인 후금과 가까이 지냈다는 것이다. 이 자리에서 인목 대비는 능양군에게 옥새를 건네주어 능양군이 왕이 되었다. 바로 16대 왕 인조이다.

반정에 성공하여 서인들이 권력을 잡고 인조가 왕위에 앉았으나, 백성들의 반응은 쌀쌀했다. 임진왜란 후 백성의 삶을 보살피기보다는 무리하게 궁궐을 쌓는 광해군도 못마땅했지만, 백성들의 삶과 관계없이 왕족 간에 벌어진 반정 또한 아무런 정당성이 없었기 때문이다.

반정 세력 사이에 갈등이 일다

왕위에 오른 인조는 반정 공신들에게 후한 상과 벼슬을 내렸다. 도감대장 이수일을 1등 공신으로 삼아 공조판서로 임명했다. 그러나 큰 공을 세운 이괄은 2등인 한성판윤으로 임명한 뒤, 도원수 장만 밑의 부원수 겸 평안병사로 임명했다. 이에 불만을 품은 이괄은 1624년 군사 1만을 이끌고 한양으로 진격해 인조가 공주까지 피난 가야 했다. 장만이 이끄는 관군이 이괄의 군대를 격파하여 이괄의 난은 평정되었다. 하지만 이괄이 한양으로 진격할 때 백성들이 매우 좋아했으며, 인조가 한강을 건너 피난 가려 하자 배를 전부 숨겼다는 이야기가 전한다. 가뜩이나 인조반정이 백성들에게 인정받지 못하고 있었는데, 임금이 또다시 조정을 비우고 피난을 가니 백성들의 마음이 떠난 것이다.

병자호란이 일어나다

인조는 명나라와 후금 간에 등거리 외교를 펼친 광해군과 달리 친명배금으로 외교 정책을 전환하였고, 후금과의 전쟁은 피할 수 없는 현실이 되었다. 인조는 왕실 호위 부대인 어영청과 총융청을 만들어 전쟁에 대비했지만, 이괄의 난을 겪으며 국경 방비가 허술해졌다. 1627년 정묘년에 후금은 인조가 명나라 장수를 지원하고 광해군을 폐위시킨 것에 책임을 묻는다는 구실로 조선을 침략했다(정묘호란). 인조는 강화도로 피난 가고, 조정은 화해를 하자는 주화파와 싸우자는 척화파가 맞섰다. 결국 주화파인 최명길이 후금과 형제 관계를 맺는다는 조약을 맺었고, 후금은 자기네 땅으로 돌아갔다.

〈호병도〉• 김상헌의 후손으로 영조 때의 문인 화가인 김윤겸이 청나라 병사들을 그린 그림이다.

그러나 평화는 오래가지 않았다. 인조 14년인 1636년, 후금은 나라 이름을 청으로 바꾸고 황제의 나라를 자처하며 조선에 군신 관계를 강요했다. 인조와 조정은 청나라의 요구를 거절하고 청나라와 맞서 싸우기로 결정했다. 그러자 청나라 태종은 1636년 12월, 12만 대군을 이끌고 압록강을 건너 6일 만에 한양 부근까지 진출했다. 인조와 조정은 1만 3000여 군사를 이끌고 강화도로 피신하려고 했으나 청나라 군사가 길목을 막았기 때문에 남한산성으로 들어갔다. 청나라 군사가 남한산성을 완전히 둘러쌌고, 인조와 조정은 전국 각지에서 구원병이 도착하기만 기다렸다. 하지만 전국 각지에서 올라온 구원병은 청나라 군사에 막혀 패배했고, 도원수 김자점을 중심으로 양평에 자리 잡은 구원병들은 움직이지 않았다.

한 달쯤 지난 뒤 식량과 땔감이 바닥을 보였다. 인조와 병사들은 지독한 추위와 굶주림에 시달렸다. 그러는 사이에 왕족들이 피난 가 있던 강화도가 점령당했지만 척화파는 싸워야 한다는 뜻을 굽히지 않았다. 더 이상 버틸 힘과 의지를 잃어버린 인조는 나라와 백성을 구하려면 항복하는 길밖에 없다는 최명길 등 주화파의 뜻에 따라 항복했다. 1637년 1월 30일, 인조는 삼전도에서 청 태종에게 세 번 절하고 아홉 번 머리를 조아리는 치욕을 당하고 말았다.

조선 군사는 대략 1만 3000, 군량은 45일 먹을 것밖에 없는데 12만 병력을 동원한 청군이 산성을 포위하고 모든 길목을 차단하고 있으니 항복밖에 길이 없지.

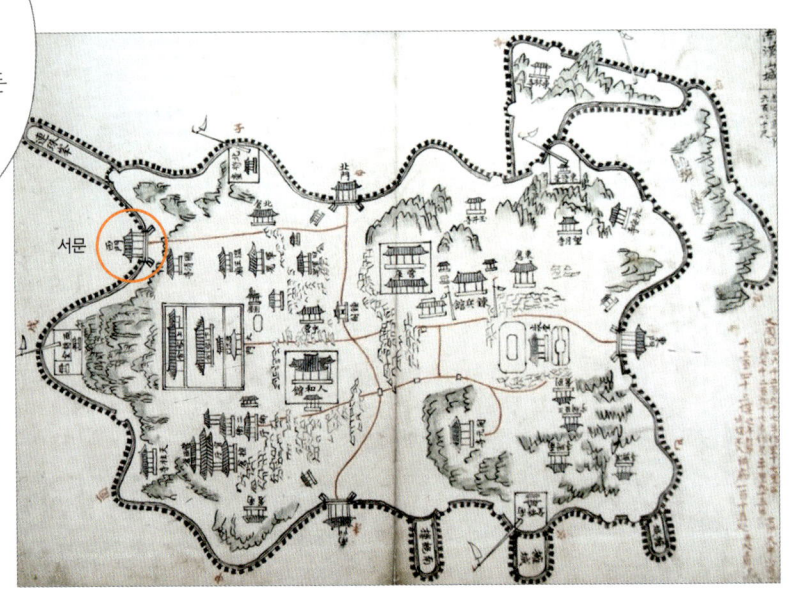

〈고지도첩〉의 남한산성도이다. 인조는 서문을 통해 삼전도로 내려가 청 태종에게 세 번 절하고 아홉 번 머리를 조아리며 항복했다.

청나라의 신하가 된 조선, 백성의 고난은 끝이 없다

임진왜란 이후 바로잡혀 가던 국가 질서와 경제 상태는 정묘호란과 병자호란으로 나빠지고, 백성들은 굶주림에 시달리게 되었다. 청나라와 맺은 화약의 조건은 터무니없었다.

끝까지 싸울 것을 고집하던 삼학사, 곧 윤집, 오달제, 홍익한은 청나라로 끌려가 처형당했다. 소현 세자와 봉림 대군, 대신의 아들들이 볼모로 잡혀갔다. 수십만이 넘는 백성들이 끌려가 노예로 팔렸다. 끌려가다 강물에 빠져 죽고, 굶어 죽고, 얼어 죽은 자도 셀 수 없었다. 게다가 해마다 청나라에 바쳐야 하는 엄청난 공물은 백성들의 고통을 무겁게 했다.

청나라가 인질로 끌고 온 소현 세자를 이용하여 "인조 유고 시에 소현 세자를 즉위시킨다."는 등의 소문을 흘리자, 인조는 왕위를 지키기 위해 철저히 청나라에 복종했다.

> 노예로 이탈리아까지 팔려 갔어.

화약(항복) 조건

① 명나라에서 받은 고명과 책인을 청나라에 바칠 것
② 명나라와 국교를 끊고 청나라와 군신 관계를 맺을 것
③ 명나라 연호를 폐지하고 청나라 연호를 사용할 것
④ 세자와 왕자 및 대신의 자제를 심양에 인질로 보낼 것
⑤ 청나라가 명나라를 정벌할 때 원군을 보낼 것
⑥ 청나라가 가도를 공격할 때 원군을 보낼 것
⑦ 매년 정기적으로 사신을 보낼 것
⑧ 포로가 도망치면 다시 잡아 즉시 돌려보낼 것
⑨ 두 나라 신하들이 혼인 관계를 맺어 우의를 돈독히 할 것
⑩ 성을 새로 쌓거나 고치지 말 것
⑪ 매년 정해진 세폐를 보낼 것(황금 100냥, 백은 1000냥을 비롯한 물품 20여 종)

민생 안정책을 내놓지만…

백성들로부터 인정받지 못하고 청나라로부터도 큰 굴욕을 겪은 인조가 백성을 위해 펼친 정책은 전혀 없었을까? 그렇지 않다. 인조는 즉위 후 양전 사업을 실시하고 대동법을 강원도에 확대 실시했다. 군사력을 증강하고 병권을 안정시키려 노력했고, 1633년에는 상평청을 설치하여 상평통보를 주조해 유통을 시험하기도 했다. 상평통보 유통은 실패로 끝나기는 했으나 효종 이후 화폐가 유통되는 기틀을 닦았다. 그러나 이런 노력에도 불구하고 인조는 두 번의 전쟁으로 백성들을 전쟁의 고통으로 밀어 넣은, 조선 시대를 통틀어 가장 무능한 임금 중 하나로 기억되고 말았다.

나를 아는 데 필요한 정보 ❼

❶ 나 이호는 1619. 5. 22.~1659. 5. 4.까지 살았고, 1649. 5. 13.~1659. 5. 4.까지 왕이었다.
❷ 아버지 인조가 청나라 황제에게 삼배구고두를 하는 치욕을 두 눈 뜨고 지켜보았다.
❸ 청나라에서 8년이나 볼모 생활을 했고, 와신상담하며 복수할 날만 기다렸다.
❹ 둘째 아들이었으나 형 소현 세자가 갑자기 죽는 바람에 세자가 되었다.
❺ 조카가 앉아야 할 왕위에 운 좋게 대신 앉았지만, 정통성이 약해 늘 괴로웠다.
❻ 자나 깨나 '북벌'을 외치다 백성들 등골만 휘게 했다.
❼ 대동법을 충청도와 전라도까지 실시하고, 시헌력을 사용했다.

북벌은 한바탕 꿈이었구나.

꿈 때문에 백성들만 만신창이가 되었구먼.

17대 효종

북벌로 백성을 멍들게 하다

아버지 인조가 오랑캐 앞에 무릎 꿇던 날, 그 자리에 있던 이들은 아버지 인조부터 백성에 이르기까지 모두 통한의 피눈물을 쏟았어. 난 청나라에 끌려가 8년 동안 참혹한 볼모 생활을 하며 복수의 칼날을 벼렸지. 왕위에 오르자마자 금수만도 못한 청나라 오랑캐를 무찔러 원수를 갚자는 '북벌'을 주장했어. 우리가 당한 치욕을 씻는 것, 그것이 나에게 주어진 역사의 소명이라 굳게 믿은 거야. 난 온 국력을 북벌을 준비하는 데 쏟아부었어. 두 차례 전쟁으로 나라 곳간이 텅텅 비었지만, 세금 가짓수를 늘리고 특별 세금까지 거두며 밀어붙였지. 백성의 원성이 궁궐 담을 넘어왔지만 결코 흔들리지 않았어. 하지만 북벌의 기회는 쉽게 오지 않았고, 시간이 흐르면서 뜻을 같이하던 신하들도 등을 돌리더군. 결국 10년을 준비한 북벌은 나의 죽음과 함께 한바탕 꿈이 되고 말았어. 후손들이 반드시 청나라 오랑캐를 무찔러 주기를 하늘에서도 빌 거야.

서양식 화포인 불랑기이다. 화약을 재어 넣어 모포에 끼워 쏘기 때문에 휴대가 간편했다. 화약을 넣어 쏘고, 청소한 다음 다시 넣어 쏘는 데 걸리는 시간이 짧아 전통 화포보다 성능이 뛰어났다. 임진왜란 전에 전해져 효종 때부터 조선군의 중심 화포로 자리 잡았다. '불랑기'는 아라비아 상인들이 유럽 사람을 '파랑기'라 부른 데서 비롯되었다고 한다.

인질 생활을 하며 복수의 칼을 벼리다

1637년 2월, 살을 에이는 듯한 바람을 뚫고 북으로 이어지는 사람들의 발길이 끝없이 이어졌다. 눈앞에 압록강이 보였다. 이 강만 건너면 청나라 오랑캐 땅이었다. 몸부림치며 통곡하는 백성들, 눈시울이 붉어진 소현 세자와 신하들. 봉림 대군은 속울음을 삼키며 반드시 살아 돌아와 이 치욕을 갚으리라 다짐했다. 봉림 대군의 나이 열아홉 살 때였다. 멀고 먼 청나라 수도 선양까지 끌려간 소현 세자와 봉림 대군 부부는 선양관에 머물렀다.

볼모 생활은 비참하기 그지없었다. 함께 끌려온 백성들의 삶은 더욱 참혹했다. 선양까지 오는 동안 굶어 죽은 자가 수두룩했고, 살아남은 자들은 여기저기 노예로 팔려 갔다. 소현 세자는 선양관에서 일어난 일, 청나라의 요구 사항, 청나라가 돌아가는 사정을 조정에 보고하며, 두 나라 사이를 잘 조정해 나갔다. 봉림 대군은 형인 소현 세자를 보호하는 게 자신이 할 일이라 여겼다. 청나라가 소현 세자에게 명나라와의 전쟁에 나서라고 하자, 대신 전쟁터에 나가기도 했다. 봉림 대군은 갖은 고초를 견디며 조선으로 돌아갈 날만 손꼽아 기다렸다.

소현 세자 부부와 봉림 대군 부부는 청나라가 지어 준 선양관에서 8년 동안 살았다. 세자빈 강씨가 선양관의 어려운 살림을 도우려고 청나라에서 빌려준 땅에 농사를 짓고 면포, 비단, 종이 등을 사고팔자, 수많은 조선 포로들이 선양관 주위로 모여들어 북적거렸다. 선양관은 힘들고 고통스러운 조선 백성의 안식처가 되어 주었고, 청나라 주재 조선 대사관 구실을 톡톡히 했다.

조카 대신 왕이 되어 마음의 짐이 컸다

1645년 2월, 소현 세자가 먼저 돌아왔다. 그런데 두 달 뒤 갑자기 세상을 뜨는 바람에 세자 자리가 비었다. 서열로 따지면 마땅히 소현 세자의 아들인 원손이 세자가 되어야 했다. 하지만 인조는 "원손이 열한 살로 어린 데다 임금 재목이 못 된다."며 반대했다. 그해 5월에 봉림 대군이 돌아오자, 인조는 기다렸다는 듯이 봉림 대군을 세자로 삼으려 했다.

봉림 대군은 "작은 모기가 산을 짊어질 수는 없습니다. 나라가 어려운 때에 막중한 세자 자리를 못나고 어리석은 신에게 부탁하시니, 마치 모기가 산을 짊어지는 것과 같습니다."라며 원손을 세자에 앉히라고 울며 간청했다. 하지만 인조는 끝내 적장자 원칙을 무시하고 이듬해 9월, 봉림 대군을 세자로 삼았다.

봉림 대군은 부지런히 서연에 참석해 왕에게 필요한 학문을 익혔다. 효심도 깊어서 하루도 거르지 않고 왕실 어른들을 찾아가 문안을 여쭈었고, 맛난 음식이나 제철 과일을 보면 인조와 왕비에게 먼저 올렸다. 그래서 인조는 늘 '우리 집안의 효자'라며 봉림 대군을 칭찬했다. 1649년에 인조가 죽고 봉림 대군이 뒤를 이으니, 17대 효종이다. 하지만 효종은 조카가 앉을 자리에 대신 앉아 늘 마음이 무거웠다.

소현 세자와 봉림 대군, 같은 것을 보았는가

소현 세자와 봉림 대군은 1644년에 청나라가 중국을 차지하는 것을 함께 지켜보았지만 생각과 행동은 전혀 달랐다. 소현 세자는 베이징에 머무는 동안 독일 신부 아담 샬 등과 교류하며 천주교와 서구 문물을 접했고, 중국을 차지한 청나라와 원만히 지내는 게 조선에 도움이 된다고 생각했다. 그러나 봉림 대군은 처참하고 치욕스러운 볼모 생활을 견디며 청나라에 대한 복수심을 키웠다. 명나라에 대한 의리를 내세우던 인조와 조정은 소현 세자의 행동이 못마땅했다. 특히 인조는 청나라가 소현 세자를 왕으로 세울까 노심초사했다. 소현 세자가 가져온 《천주실의》, 여지구, 천리경 같은 서양 문물은 실학자들에게 큰 영향을 끼쳤다.

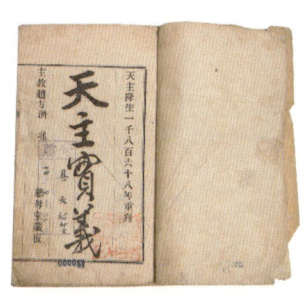

소현 세자가 귀국할 때 가져온 천주교 교리서인 《천주실의》이다. 중국에서 활동하던 예수회 선교사인 마테오 리치가 1603년에 썼다.

실학자 최한기가 만든 지구의이다. 소현 세자가 가지고 온 '여지구'도 이와 비슷하게 생겼으리라 추정한다.

망원경인 '천리경'이다. 천 리를 볼 수 있다고 해서 천리경이라고 불렀다. 주로 천체를 관측할 때 사용했다.

청나라를 무찌르자는 북벌 정책을 펴다

두 번의 호란으로 나라 사정이 말이 아니었다. 효종은 나라를 다시 일으켜 세우고 백성의 마음을 하나로 모으려면, 새로운 정책이 필요하다고 보았다. 그래서 청나라를 무찔러 원수를 갚자는 '북벌'을 내세웠다. 효종은 북벌을 함께 추진할 세력을 만들려고 송시열, 송준길, 김육 등을 조정으로 불러들였다. 효종은 특히 사림을 대표하는 최고의 학자인 송시열에게 큰 기대를 걸었다. 그러나 북벌에 대해 효종과 송시열의 생각은 처음부터 달랐다.

효종은 힘을 길러 청나라를 물리치려고 했다. 하지만 송시열이 주장하는 북벌은 명나라의 뒤를 잇는 나라는 조선밖에 없다는 '조선 중화주의'를 앞세운 명분뿐인 북벌이었다. 결국 송시열은 "왕이 먼저 몸과 마음을 닦고, 백성부터 보살펴야 한다."는 상소를 올리고 고향으로 돌아갔다.

효종은 북벌을 위해 10만 대군을 기르기로 작정했다. 1652년 어영청을 확대해 이완을 어영대장에 앉히고, 군사 수를 늘리고, 기마 부대도 만들었다. 군사들은 엄격한 시험을 거쳐 뽑았고, 강하게 훈련시켰다. 또 제대로 훈련 받았는지 시험을 치러 성적이 나쁘면 벌을 내렸다. 이듬해에는 네덜란드 사람 하멜이 표류해 오자 훈련도감에 두고, 조총과 불랑기 화포 같은 최신식 무기를 만들게 했다. 1654년에는 한강 변에서 1만 3천 명의 군사가 참여한 사열식을 성대히 치러, 북벌에 대한 관심을 한층 끌어올렸다. 그러나 시간이 지날수록 효종의 북벌 정책은 벽에 부딪혔다.

북벌, 한바탕 꿈이 되고 말다

강한 군대를 만들려면 많은 돈이 필요했다. 하지만 돈이 모자랐다. 효종은 김육의 건의로 1651년에 대동법을 충청도까지 확대 실시해 백성의 부담을 덜어 주었다. 대신 세금 가짓수를 늘렸다. 그래도 돈이 모자라자 기부금이라는 이름으로 특별 세금까지 거두었다. 갈수록 백성들의 불만은 높아 갔고, 신하들도 하나둘 등을 돌렸다.

1657년에는 송시열까지 상소를 올려 여전히 "왕이 먼저 몸과 마음을 닦고 백성부터 보살펴야 한다."며 북벌을 에둘러 비판했다. 효종은 백성을 다독이고 신하들의 마음을 돌리려고 1658년에 송시열을 이조 판서에 앉혔다. 효종은 송시열에게 "옛날에 마음을 같이하는 신하가 많았는데, 지금은 죄다 눈앞의 이익만 좇고 있으니, 누구와 함께 북벌을 하겠는가?"라며 한탄했다. 하지만 송시열의 대답은 한결같았다.

결국 북벌에 대한 효종의 꿈은 1659년 5월, 갑작스러운 죽음과 함께 물거품이 되었고, 백성들만 멍들었다.

나선 정벌

1654년 러시아가 만주 북부를 침략하자, 청나라는 조총수 100명을 보내 달라고 요청했고, 효종은 군말 없이 보냈다. 조·청 연합군은 쑹화 강 상류에서 러시아 군과 싸워 이겼는데, 조선 조총 부대가 큰 역할을 했다. 4년 뒤 청나라가 러시아 정벌에 나서자, 이번에도 조총 부대를 보냈다. 효종은 조총 부대의 활약에 자신감을 갖고 북벌에 더욱 열을 올렸다.

나를 아는 데 필요한 정보 ❼

① 나 이연은 1641. 2. 4.~1674. 8. 18.까지 살았고 1659. 5. 9.~1674. 8. 18.까지 왕이었다.
② 청나라 수도 선양에서 태어났다. 외국에서 태어난 유일한 왕이다.
③ 평생 몸이 약하고 종기가 자주 나서 온천 마니아가 되었다.
④ 상복 입는 기간에 대한 논쟁이 서인들이 내 아버지가 둘째 아들임을 꼬집으며 왕권을 무시한 것일 줄이야.
⑤ 재위 기간 내내 흉년과 기근에 시달렸다.
⑥ 7년에 걸친 논쟁 끝에 호남 내륙 지방에 대동법을 시행하였다. 재난 극복에 큰 힘이 되었다.
⑦ 조선 왕 중 유일하게 후궁을 두지 않았다.

18대 현종

예송의 시대를 살다

아버지 효종은 인조 할아버지의 둘째 아들로, 큰아버지 소현 세자가 승하하자 세자가 되고 왕이 되었어. 그런데 이 일이 두고두고 신하들의 논쟁거리가 될 줄이야 누가 알았겠어? 아버지 어머니의 상을 당했을 때 조정은 할머니가 상복을 몇 년 입느냐를 두고 시끌벅적 논쟁이 붙었어. 서인은 왕도 양반과 마찬가지이니 둘째 아들이 죽었을 때의 예법을 따르자는 말이었고, 남인은 왕은 일반 양반과는 다른 특별한 존재이니 맏아들이 죽었을 때의 예법을 따라야 한다는 말이었어. 서인은 왕보다는 신하들이 중심이 되어 나라를 이끌어야 한다는 생각이었고, 남인은 왕이 중심이 되어 나라를 이끌어야 한다는 생각이었지. 나는 왕권 강화를 주장하는 남인에게 힘을 실어 주고 싶었지만, 인조 때부터 조정을 장악한 서인의 힘을 이길 수는 없었어. 결국 서인 잔챙이들 몇몇만 쫓아내고 남인 몇몇을 등용하는 걸로 끝냈지. 아무튼 대기근에 시달리는 백성들을 구휼하는 것보다 권력 다툼에 몰두하는 붕당들이 실망스러웠어.

현종 10년인 1669년에 관상감원 송이영이 만든 천문 시계이다. 전통 혼천의와 추의 무게로 움직이는 서양의 자명종 시계 원리를 결합하여 만든 독창적인 유물이다. 시계 장치와 혼천의가 톱니바퀴로 연결되어 있어 시간과 천체의 위치를 동시에 알 수 있다. 혼천의 가운데 있는 지구는 송이영이 지구가 둥글다는 것을 알고 있었음을 보여 준다. 홍문관에 설치하여 시간 측정과 천문학 교습용으로 사용했다.

큰아들이 죽으면 그 부모는 3년간 상복을 입는다

1659년 효종이 갑작스럽게 죽자, 예조에서 효종의 계모인 자의 대비가 효종의 장례에 상복을 얼마 동안 입어야 할지 그 근거를 찾을 수 없으니 대신들과 의논해 달라고 현종에게 요청했다. 서인은 대부분 효종이 둘째 아들이니 자의 대비가 상복을 1년 입는 것이 맞다고 생각했다. 그러나 남인은 효종이 왕통을 이었으니 자의 대비는 상복을 3년 입어야 한다고 주장했다.

논쟁이 끊이질 않자 송시열을 위시한 서인은 다시 《경국대전》에 따라 대왕대비가 상복을 1년 입어야 한다고 했다. 《경국대전》에는 아들의 상을 당하면 큰아들, 작은아들 구분 없이 부모는 상복을 1년 입게 되어 있었다. 현종도 이를 받아들였다. 겉으로는 서인이 이긴 듯했다. 그러나 성균관과 지방 유생들까지 이 문제를 놓고 갑론을박을 벌이면서 전국에서 상소가 줄을 이었다. 현종은 "이 문제로 서로 모함하는 자가 있으면 중형으로 다스리겠다."며 논쟁을 금지시켰다.

그런데 1674년에 효종의 왕비이자 현종의 어머니인 인선 왕후가 죽으면서 자의 대비가 며느리를 위해 상복을 얼마나 입을지 논쟁이 다시 불붙었다. 예조에서는 1년에서 9개월로 슬그머니 입장을 바꾸었다. 이에 대해 의문을 품은 현종이 영의정 김수흥을 불러 왜 결정을 바꾸었는지 물었다. 김수흥은 근거를 제대로 제시하지 못한 채 어쨌든 9개월이 맞다며 얼버무렸다. 예법에도 《경국대전》에도 둘째 며느리가 죽으면 부모는 상복을 9개월 입게 되어 있었기 때문이었다. 현종은 왕도 사대부와 같은 예법을 지켜야 한다는 서인의 속내를 알고 불같이 화를 내며, "자의 대비가 상복을 1년 동안 입도록 하라."는 명령을 내렸다. 또한 우왕좌왕한 책임을 물어 예조 관리들을 감옥에 가두고 영의정을 귀양 보냈다. 서인을 내쫓고 남인을 등용한 것이다.

대기근을 겪다

서인과 남인이 자의 대비의 상복 입는 기간을 놓고 격렬하게 논쟁하는 동안, 백성들은 개국 이래 유례를 찾을 수 없는 흉년과 대기근에 시달렸다. 현종이 즉위한 해 봄부터 시작된 기근은 현종 재위 내내 계속되었는데, 1670년 경술년과 1671년 신해년에는 경신대기근이라 불리는 대참변이 벌어졌다.

1670년 벽두부터 충청도에서 전염병이 돌아 전국으로 번졌고, 4월 평안도에서는 서리와 눈이 내렸다. 5월, 평양에 오리 알만 한 우박이 반 자 정도 쏟아져 네 살 된 아이와 꿩, 까마귀, 까치가 맞아 죽었고, 가뭄과 해충이 들끓었다. 6월, 태풍이 오고 물난리가 났다. 한해, 수해, 냉해, 풍해, 충해가 한꺼번에 몰아치고 거기다가 전염병까지 겹쳤다. 이듬해인 1671년에는 한 해 내내 달마다 굶거나 병들어 죽은 자가 1만 명을 넘었다.

현종은 음식의 가짓수를 줄이고 술을 끊었다. 신하들도 봉급을 낮추어 그 돈으로 진휼소를 차리고 굶주린 백성들에게 죽을 나눠 주었다. 활인서에서 병자를 치료하고, 백성들에게 곡식을 나누어 주어 재활을 지원하기도 했다. 기근이 계속되자 조정에서는 한양과 지방에 진휼소를 늘렸지만, 국고가 바닥나 진휼소를 무한정 운영할 수도 없었다. 원수인 청나라에게 곡식을 빌리자는 의견이 나올 만큼 식량 사정이 악화되었다.

현종 14년인 1673년, 끝이 보이지 않던 자연재해도 잦아들었다. 곡식 생산도 늘고 기근도 줄었다. 현종과 조정에서는 봄에 곡식을 빌려주고 가을에 돌려받는 환곡, 즉 비축미를 늘려 나갔다.

기근을 자기 책임으로 여기던 현종은 이듬해인 1674년, 34세의 나이로 갑자기 세상을 떠났다.

청나라에 도움을 요청하면….

자존심이냐, 생존이냐가 문제네….

에구, 방법이 없네 없어.

현종은 "소를 두고 굶어 죽어야 되겠느냐?"며 소의 도살도 허용했어.

나를 아는 데 필요한 정보 ❼

① 나 이순은 1661. 8. 15.~1720. 6. 8.까지 살았고, 1674. 8. 23.~1720. 6. 8.까지 왕이었다.
② 현종 임금의 외아들로 정통성이 확실한 적장자이다.
③ 서인과 남인의 대립이 절정을 이룬 시기였지만, 환국으로 무너지기 직전의 왕권을 다시 강력하게 세웠다.
④ 상평통보를 전국적으로 유통시켰으며, 국방을 크게 강화하였다.
⑤ 백두산정계비를 세우고, 일본으로부터 울릉도가 조선 땅임을 확실히 보장받는 등 국경을 확정지었다.
⑥ 조선 재도약의 발판을 마련했다. 영조, 정조 시대 르네상스의 토대를 만든 셈이다.
⑦ 고양이를 사랑했다. 금손이는 내가 세상을 뜨자 먹지도 마시지도 않았다.

그래 봐야 모두 내 손바닥 위다.

환국을 통해 신하들을 쥐락펴락했지.

19대 숙종

환국으로 왕권을 다시 세우다

왕과 왕비 사이에서 맏아들로 태어나 세자를 거쳐 왕위에 오르는 사람은 얼마 없어. 그만큼 정통성이 확실해 나는 늘 자신감과 자부심이 넘쳤지. 어머니가 "세자는 그 성질이 아침에 다르고 점심에 다르고 저녁에 다르니 나로서는 감당할 수가 없다."고 할 정도로 나는 변덕이 죽 끓는 데다 다혈질이었어. 내가 왕위에 오를 때는 서인과 남인 사이의 붕당 다툼이 아주 심했던 때로 인조 때부터 권력을 잡은 서인들의 힘이 매우 셌어. 잘못하면 신하들 손아귀에서 허수아비 왕 노릇이나 할 위험이 컸지. 나는 왕위에 오르자마자 붕당 다툼을 이용해 왕권을 강화하기로 마음먹었어. '환국'을 통해 집권 세력을 교체하기로 한 거야. 그런 면에서 나를 권모술수의 달인이라고도 하지만, 영조가 강력한 왕권을 바탕으로 조선이 재도약할 수 있는 발판을 마련한 것은 나로부터 시작했다고 할 수 있어.

한양 도성은 남산, 낙산, 북악산, 인왕산을 잇는 18.6킬로미터의 성곽으로, 한양을 지키기 위해서 태조 때부터 만들기 시작했다. 세종 때에 보수 공사를 했고, 숙종 때 대대적으로 수리하면서 북한산성까지 쌓아 도성 방어 체제를 정비했다. 성을 쌓은 돌에는 각 구간의 공사 책임자와 기술자의 이름을 새겨 넣어 공사 실명제를 실시했다.

강하고 당찬 왕이 돌아왔다

1661년에 현종과 명성 왕후의 외아들로 태어나 1667년에 세자에 책봉된 숙종은 정통성이 확실하니 자부심도 넘쳐 어릴 때부터 당차고 주관이 뚜렷했다. 1673년, 두 번째 예송으로 조정이 시끄러울 때는 13세에 불과했지만 "남인이 옳다고 생각한다. 둘째라도 왕위를 계승했으면 장자로 보아야 한다."며 당당히 의견을 밝혔다. 왕이면 왕 대접을 받아야 하는데 신하들이 왕을 우습게 봐서 이런 논쟁이 벌어진다고 생각했던 것이다.

아버지의 뒤를 이어 왕위에 오르면 왕권을 강화시켜야겠다고 마음먹은 숙종에게 기회는 의외로 빨리 다가왔다. 이듬해인 1674년에 숙종이 현종의 뒤를 이어 14세에 왕위에 오른 것이다.

서인의 우두머리 송시열

1. 1680년 경신환국으로 서인이 집권하다

숙종이 즉위할 당시에는 2차 예송에서 승리한 남인과 외척 세력이 정권을 잡았다. 남인의 우두머리는 영의정 허적, 외척의 중심은 병조판서 김석주였다. 1680년 3월, 숙종은 허적이 집안 잔칫날 왕실용 천막을 허락 없이 가져가 쓴 것을 빌미로 서인에게 군권을 넘기고 조정의 요직을 서인으로 바꿨다. 남인의 권세가 커지면서 왕권을 넘보려 하자 남인을 몰아내고 서인을 등용한 것이다. 얼마 뒤 숙종은 허적의 서자 허견이 인조의 후손들과 역모를 했다는 고변을 핑계로 허적, 허견, 윤휴 등 남인 대부분을 죽이거나 유배 보냈다.

2. 1689년 기사환국으로 남인이 집권하다

1688년에 남인의 지지를 받던 희빈 장씨가 숙종의 아들을 낳았다. 후사가 없어 고민하던 숙종은 장씨의 아들을 세자 예정자인 원자에 책봉했다. 그런데 서인의 우두머리 송시열이 원자 책봉에 반대했다. 자신들이 지지하는 인현 왕후가 아들을 낳을 수도 있는데 너무 성급하다는 것이었다. 화가 난 숙종은 송시열을 유배 보낸 뒤 사약을 내려 죽이는 한편, 인현 왕후를 폐하고 희빈 장씨를 왕비에 앉혔다. 서인 정권이 무너지고 남인 정권이 들어선 것이다.

남인

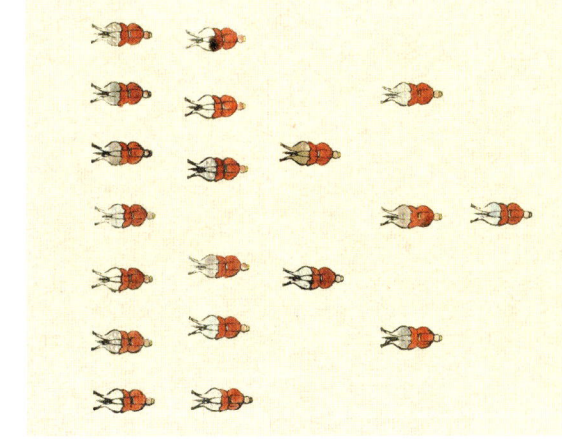

세 차례의 환국으로 왕권을 강화하다

조선은 갈수록 붕당 대립이 심해졌다. 양반의 수는 크게 늘었지만 벼슬자리는 한정되어 있으니 '자리싸움'이 치열할 수밖에 없었다. 숙종이 왕위에 오를 때는 예송 등으로 서인과 남인의 대립이 절정에 달하고, 신권에 비해 왕권은 매우 약해진 상태였다.

숙종은 왕권을 강화하기 위해 신하들을 상대로 싸워 나갔는데, 주로 사용한 방법이 '환국'이다. 환국이란 정권을 번갈아 바꾸는 것을 말한다. 이전에는 왕이 조정에서 붕당의 균형을 맞추고 견제하며 정치를 했다면, 환국 정치에서는 하나의 붕당과만 정치를 한다. 숙종은 서인에게 나랏일을 맡겼다, 남인에게 나랏일을 맡겼다를 반복했다. 환국을 할 때마다 붕당이 교체되고, 정책이 변화하며, 신하들이 물갈이되니, 붕당마다 서로 왕에게 잘 보이려고 했다.

환국은 1680년, 1689년, 1694년 세 번에 걸쳐 크게 일어났다. 숙종은 환국을 통해 왕권을 강화할 수 있었다. 하지만 환국을 할 때마다 붕당끼리 피를 부르는 싸움이 일어나 수많은 사람들이 죽어 나갔다. 이 과정에서 서인들은 의견 차이가 생겨 노론과 소론으로 갈리었다. 1694년 갑술환국 때 남인이 완전히 밀려나자, 이때부터 노론과 소론이 치열한 다툼을 벌였다.

3. 1694년 갑술환국으로 서인이 다시 집권하다

1694년에 서인이 주축이 되어 인현 왕후의 복위 운동을 펼쳤다. 때마침 무수리 출신인 숙원 최씨가 숙종의 사랑을 독차지하자, 왕비가 된 장씨의 오빠 장희재가 숙원 최씨를 독살하려는 사건이 발생했다. 그러자 숙종은 인현 왕후를 복위하고 장씨를 다시 희빈으로 강등시키는 한편, 남인을 내쫓고 서인을 불러들였다. 하루아침에 정권이 뒤바뀐 것이다. 더욱이 1701년에 인현 왕후가 죽은 뒤, 희빈 장씨가 인현 왕후를 저주한 사실이 드러나 남인은 완전히 몰락했다.

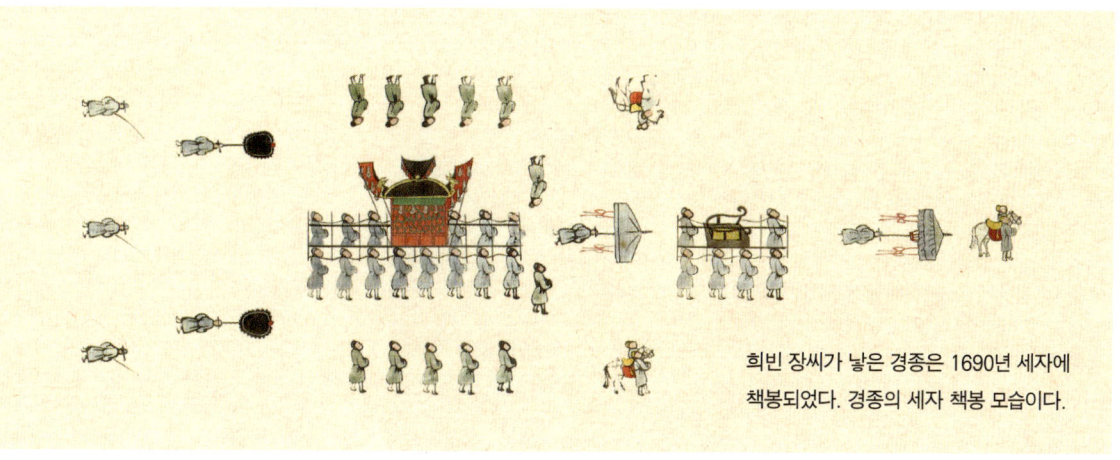

희빈 장씨가 낳은 경종은 1690년 세자에 책봉되었다. 경종의 세자 책봉 모습이다.

백성들의 삶을 돌보고 국방을 튼튼히 하다

환국을 통해 강력한 왕권을 확립한 숙종은 각종 정책을 안정적으로 펼칠 수 있었다. 임진왜란 이후 진행해 오던 양전 사업을 완료했고, 대동법을 전국적으로 시행했다. 1~4필로 들쭉날쭉하던 군포를 2필로 정해 백성의 부담을 덜었고, 각지에 암행어사를 보내 수령들의 부정부패를 막았다.

상평통보를 전국적으로 유통시킨 것은 가장 큰 성과이다. 쌀이나 면포는 크고 무거운 데다 나누기 어려워 지불 수단으로 쓰기 힘들었는데, 상평통보는 대동법 실시 이후 상업이 발달하면서 늘어난 화폐 수요를 채워 주었다. 조정의 노력으로 숙종 말년인 18세기 초에는 상평통보 없이는 장시에 가지 못할 만큼 널리 퍼졌다. 상평통보의 발행은 상품 화폐 경제 발달로 이어져 영조, 정조 시대의 문예 부흥을 여는 토대가 되었다. 상평통보를 찍어 거둔 수십만 냥의 재정 수입은 현종 때의 대기근에 버금가는 대기근을 극복하는 데 기여한 면도 있었다.

숙종은 국방을 튼튼히 하는 한편, 이웃 나라들과의 영토 분쟁을 해결했다. 먼저 오군영을 설치해

상평통보

백두산정계비

1712년에 조선과 청나라 사이의 국경을 확정한 뒤 세운 경계비로, '서쪽은 압록강을, 동쪽은 토문강을 경계로 삼고 분수령 위에 비를 세워 적는다.'는 내용이 새겨져 있다. 토문강이 어디인지를 놓고 조선 말에 청나라와 간도를 둘러싼 분쟁이 일어났다. 현재는 돌무덤만 남아 있다. 일제 강점기에 일본인이 철거한 것으로 보인다. 사진은 1910년대의 모습이다.

군제 개편을 마무리 지었고, 백성들을 힘들게 한다는 반대에도 북한산성을 쌓아 한양의 방위 체계를 튼튼히 했다. 일본에 통신사를 두 차례 파견해 울릉도를 조선 땅으로 확인하고, 백두산정계비를 세워 청나라와 국경 문제를 해결했다.

조선의 역사를 바로잡다

붕당 간의 치열한 대립은 명분과 의리를 강조하는 사회 분위기를 낳았다. 정작 본고장인 중국에서는 명나라 때부터 성리학이 사라졌지만, 조선에서는 사회 전체를 짓누르는 최고의 권위로 자리 잡았다. 명분과 의리에 대한 강조는 망해 없어진 명나라의 은혜를 갚는다는 숭명 사상으로 이어져 숙종 30년인 1704년에는 창덕궁 안에 명나라 황제를 제사 지내는 대보단을 두고 참배할 정도였다.

숙종은 왕가의 정통성을 다지기 위해 과거사 정리에도 앞장섰다. 묘호가 없던 2대 공정왕에게 정종이라는 묘호를 내리고, 세조에게 쫓겨난 뒤 왕 대접을 받지 못한 노산군에게는 단종이라는 묘호를 내렸다. 2차 왕자의 난에 패해 유배된 이방간의 자손들도 왕족으로 복귀시키고, 1차 왕자의 난 때 죽은 이방번과 이방석, 단종 복위 운동을 이끈 사육신도 복권시켰다.

의적 장길산

장길산은 숙종 때 황해도 지방을 무대로 활동한 도적의 우두머리이다. 실학자인 성호 이익(1681~1763)은 장길산을 홍길동, 임꺽정과 함께 조선 3대 도적으로 꼽았다. 조정에서는 체포령을 내리고 많은 상금을 걸었으나, 홍길동, 임꺽정과 달리 장길산을 체포했다는 기사가 없는 것으로 보아 끝내 붙잡지 못한 것으로 보인다.

당시 장길산을 따르던 사람들은 땅을 잃어버린 농민들이 대부분이었다. 장길산이 살았던 조선 후기는 농업과 상업이 발달하였지만 돈이 한쪽에 몰려 부자들은 더 부자가 되고 가난한 사람들은 더 가난해졌다. 게다가 백성들은 그전에 비해 나아지긴 했지만 여전히 무거운 세금으로 고통받았다. 이들은 배고픔을 해결하고자 장길산의 무리 속으로 들어갔다.

의적 장길산이 활약한 것으로 보아 숙종 때에도 백성의 삶은 그다지 나아지지 않았어.

나를 아는 데 필요한 정보 ❼

❶ 나 이윤은 1688. 10. 28.~1724. 8. 25.까지 살았고, 1720. 6. 13.~1724. 8. 25.까지 왕이었다.
❷ 태어날 때부터 골골거려서 아버지 숙종의 근심거리였다.
❸ 후궁의 몸에서 났지만 맏아들인 데다 아버지가 어머니를 끔찍이 사랑하여, 두 살에 원자가 되고 세 살에 세자가 되었다.
❹ 배다른 동생 연잉군을 세자에 앉히려는 무리들이 툭하면 아버지를 꼬드겼다.
❺ 31년 동안 세자로 있으면서 쫓겨나지 않으려고 절대 속마음을 드러내지 않았고, 꼬투리 잡힐 만한 일은 아예 하지 않았다.
❻ 어머니가 사약을 받고 죽은 죄인이라 왕위에 있는 동안 갖은 시달림을 당했다.
❼ 내가 왕위에 오르도록 도운 소론이 반대파인 노론을 두 번이나 싸잡아 죽였다.

> 아픈 것도 서러운데, 왕의 자리까지 위태롭네.

> 죄인의 아들이란 굴레에 괴로워했지.

20대 경종

붕당의 절정기, 수난을 겪다

내가 태어나던 때는 붕당 대립이 절정에 달한 때였어. 이긴 쪽이 진 쪽을 몰살시키는 아주 살벌한 시대였지. 난 세 살에 세자가 되어 왕위 서열 1순위가 되었지만, 붕당 다툼의 틈바구니에서 하루도 마음 편할 날이 없었단다. 게다가 열네 살 때 내 어머니는 아버지 숙종이 내린 사약을 받고 죽었어. 이때부터 반대파들은 나를 죄인의 아들이라며 끊임없이 세자 자리에서 끌어내리려고 했지. 난 갖은 역경을 이겨 내고, 세자가 된 지 31년 만에 왕위에 올랐어. 하지만 반대파들은 여전히 나를 쫓아내려고 호시탐탐 기회를 노렸어. 난 더는 두고 볼 수가 없어서 내 편인 신하들과 함께 반대파를 싹 몰아냈지. 하지만 갈수록 몸은 쇠약해졌고, 결국 4년 뒤 제대로 이루어 놓은 것도 없이 세상을 뜨고 말았네. 그래도 흉년에 백성들 세금을 낮추어 주고, 불을 끄는 수총기와 문종기라는 책상용 시계도 만들었으니, 한 일이 아주 없지는 않지?

조선 시대에는 세종 대부터 오늘날 소방관에 해당하는 '금화군'을 설치해 화재에 대비했다. 궁궐이나 관청 앞에는 '드므'라는 커다란 독에 물을 담아 두었는데, 불이 나면 드므에 담긴 물을 사용했다. 또 긴 막대 끝에 산마라는 나뭇잎을 매달아 물에 적셔 불을 끄기도 했고, 기와 위에 쇠고리를 박아 잽싸게 타고 올라가 불길이 번지는 것을 막았다. 경종 때 서양의 소화기를 본떠 만든 수총기로, 펌프로 물을 뿜어 불을 껐다.

살얼음판 위를 걷는 세자

경종은 숙종의 맏아들이었다. 태어날 때 어머니가 비록 후궁(희빈 장씨)이었으나 두 살에 원자가 되고, 세 살에 세자에 오를 만큼 숙종의 사랑을 듬뿍 받았다. 송시열과 노론이 원자 책봉을 반대하자, 송시열에게 사약을 내릴 정도였다.

경종은 총명했으나 몸이 약해 숙종의 애를 무던히도 태웠다. 열네 살 때 어머니가 죽은 뒤로 건강이 더욱 나빠져 말까지 더듬었다. 게다가 이 무렵부터 숙종의 사랑은 배다른 동생인 연잉군에게 쏠려 있었다. 숙종은 경종이 작은 실수만 해도 "누구 자식인데, 그럼 그렇지…." 하며 못마땅해 했다. 그럴 때마다 경종은 더 잘하려고 애썼지만, 잘해도 꼬투리를 잡았고 잘못하면 크게 꾸짖었다.

1717년에 숙종은 건강이 나빠지자 경종에게 대리청정을 명했다. 노론도 적극 찬성했는데, 여차하면 핑곗거리를 찾아 연잉군으로 세자를 바꾸려는 속셈 때문이었다. 경종은 빌미를 주지 않으려고 모든 일을 신중히 처리했다. 1720년에 숙종이 몸져 눕자 노론은 연잉군을 세자로 삼으려는 뜻을 비쳤다. 하지만 경종은 숙종의 맏아들에 원자를 거쳐 세자가 된 만큼 정통성이 확실했다. 같은 해 6월 숙종이 죽고, 경종은 소론의 도움을 받아 마침내 왕위에 올랐다.

노론 4대신

숙종 때 권력을 쥐고 있던 노론의 중심 인물인 김창집, 이건명, 이이명, 조태채를 가리킨다. 이들은 틈만 나면 연잉군을 세자로 삼으려고 기회를 엿보았다. 경종은 4년 동안 대리청정을 하며 신하들이 나랏일에 대해 의견을 물으면, 나름대로 적절하게 결정을 내렸다. 그러나 어느 자리에서든 길게 말하는 법이 없었다. 노론의 우두머리인 김창집은 "이제는 나랏일을 확실히 익히셨을 텐데, 신하들을 만날 때 지나치게 침묵을 지키시고, 답도 분명하게 하지 않는 경우가 있습니다."라며 대놓고 경종을 꼬집었다. 심지어 김창집이 "신하가 왕을 택할 수도 있다."고 했다는 소문이 떠돌 정도로 노론 4대신의 위세는 하늘을 찔렀다.

권불십년, 화무십일홍. 10년 가는 권세 없고, 열흘 붉은 꽃 없다는데, 노론의 권세가 언제까지 가려는지….

1719년 숙종은 영의정 김창집을 비롯해 70세 이상 고위 관료 10명에게 큰 잔치를 베풀고, 잔치의 모든 과정과 참석한 신하들의 모습을 그림으로 남기도록 했다. 1720년에 완성한 이 기록화가 《기사계첩》이다. 《기사계첩》에 실린 김창집의 초상화이다.

붕당 다툼이 절정에 이르다

경종은 갖은 역경을 딛고 왕위에 올랐으나, 노른자위 벼슬은 모두 노론이 차지하고 있었다. 노론은 노론 대로 경종이 소론 편이라 불안했다. 1720년 7월, 소론인 조중우가 희빈 장씨의 명예를 회복시켜 달라는 상소를 올렸다. 노론은 "선왕이 결정한 일이라 바꿀 수 없다."며 벌 떼처럼 일어났다. 노론을 누를 힘이 없던 경종은 결국 조중우에게 벌을 내렸다. 기세가 오른 노론은 1721년 8월, 연잉군을 세자로 삼으라고 경종을 압박했다. 소론은 경종에 대한 도전이라 여겨 크게 반발했지만, 경종은 노론의 위세에 밀려 연잉군을 세자로 삼았다.

노론은 아예 쐐기를 박으려고 몸이 약한 경종 대신 연잉군에게 대리청정을 맡겨 정치를 안정시키라고 요구했다. 경종은 아프다는 핑계를 대며 대리청정을 허락했다가 소론의 반대가 들끓자 명을 거두었다. 대리청정을 놓고 노론과 소론의 줄다리기가 이어졌고, 같은 해 10월 경종은 마지막으로 대리청정의 명을 거두었다. 소론은 때를 놓치지 않았다.

1721년 12월, 노론 4대신을 엄벌해야 한다는 김일경의 상소를 시작으로 다음 해 3월 '목호룡 고변 사건'까지 쉬지 않고 달려 노론의 숨통을 끊어 놓았다. 소론이 조정을 손에 넣자 경종은 어느 정도 자신감을 가지고 나라를 이끌어 갔다. 하지만 극에 달한 노론과 소론의 권력 다툼 속에서 부쩍 몸이 쇠약해져 1724년 8월, 끝내 세상을 떠나고 말았다.

소론의 노론 씨 말리기 작전

소론의 우두머리 김일경은 노론의 씨를 말리려고 목호룡을 시켜 '목호룡 고변 사건'을 일으켰다. 노론이 세 가지 방법을 써서 경종을 시해하거나 내쫓으려고 했다고 하여 '삼급수 고변 사건'이라고도 한다. 원래 목호룡은 노론의 지지를 받는 연잉군 쪽에 줄을 섰지만, 노론의 연잉군 대리청정 계획이 실패하자 김일경 편에 붙어 노론을 몰아내는 데 앞장섰다. 결국 목호룡 고변 사건으로 노론 4대신은 역모죄로 죽임을 당하고 170여 명이 화를 입었다. 삼급수는 다음 세 가지 방법을 가리킨다.

첫째, 대급수로 칼 잘 쓰는 날랜 자객을 궁에 들여보내 경종을 죽이는 것이다.

둘째, 소급수로 은 500냥을 상궁에게 주어, 경종의 수라상에 독약을 넣어 죽이는 것이다.

셋째, 평지수로 경종을 세자에서 폐위하라는 숙종의 마지막 교지를 위조해 경종을 쫓아내는 것이다.

나를 아는 데 필요한 정보 ❼

❶ 나 이금은 1694. 9. 13.~1776. 3. 5.까지 살았고 1724. 8. 30.~1776. 3. 5.까지 왕이었다.
❷ 아버지 숙종과 무수리 출신의 어머니 사이에서 태어났다.
❸ 탕평책을 실시해 붕당 간의 치열한 대결도 막고 백성을 위한 정치에 매진했다.
❹ 균역법을 만들어 백성들의 군역 부담을 줄이고 부족한 세액은 왕실부터 솔선수범하여 부담하였다.
❺ 청계천의 바닥을 파내고 물길을 정비하여 앞으로 100년간은 끄떡없게 만들었다.
❻ 신문고를 되살리고 지나친 형벌을 폐지했다.
❼ 나라의 앞날을 위해 아들 사도 세자를 죽게 한 못난 애비였다.

> 솔선수범한 서민 군주야.

> 군주는 백성을 위해 있는 것이다.

21대 영조

조선 부흥의 기틀을 다지다

나는 천한 무수리 출신 후궁이 낳은 서자야. 서자라는 열등감은 평생을 짓눌렀어. 형 경종은 소수파인 소론과 남인의 지지를 받았고, 나는 다수파인 노론의 지지를 받았어. 노론이 나를 형의 경쟁자로 삼으면서 여러 차례 죽을 뻔했지만, 나를 좋아한 형이 암암리에 보호해 위기를 벗어났어. 형이 죽고 왕위에 오른 나는 붕당 다툼을 완화해 정치적 안정을 이루고 백성을 위한 정치를 펴야겠다고 다짐했어. 우선 인재를 쓸 때 붕당을 안배하는 탕평책으로 정치적 안정을 이루었어. 다음으로 군포를 두 필에서 한 필로 줄여 백성들의 부담을 덜어 주었어. 이로 인해 줄어든 세금을 벌충하려고 왕실 수입을 국가 재정으로 돌리기도 했어. 가난한 백성들에게 품삯을 주고 청계천 바닥을 파내고, 잔인한 형벌도 없앴어. 내가 솔선수범해 근검절약하니까 나라 전체가 달라지기 시작했어. 백성들은 태평성대가 왔다며 나를 칭송하기 바빴어. 하지만 나는 나라를 위해서라는 명분으로 아들을 죽게 했어. 그 죄책감으로 내내 괴로웠단다.

영조는 51년간 조선을 다스리며 83세까지 장수했다. 영조의 장수 비결은 무엇일까? 우선 선천적으로 건강한 체질이라서 잔병치레를 하지 않았다. 하루에 다섯 번을 먹는 수라상을 3회로 줄였고, 현미와 콩을 섞은 잡곡밥을 즐겨 먹었으며, 채식 위주로 식사를 했다. 운동을 좋아하여 말타기, 달리기, 국궁 같은 거칠고 격한 운동을 즐겼다. 초상화는 왕자 시절 영조의 모습이다.

무수리의 아들, 왕이 되다

영조는 숙종과 무수리 출신인 숙빈 최씨 사이에서 태어났다. 무수리는 궁녀들에게 세숫물을 떠다 바치거나 궁을 청소하는 천한 신분이었다. 따라서 어느 누구도 영조가 왕이 되리라고는 생각하지 않았다.

그런데 노론이 영조를 눈여겨보면서 상황이 바뀌었다. 노론은 경종의 어머니인 희빈 장씨에게 사약을 내리라고 주장하였기에 경종이 왕위에 있는 동안 기를 펼 수 없었다. 하지만 경종은 병치레가 잦아 자리에 눕는 일이 많았고 마침 자식도 없었다. 영조는 노론의 지지를 받아 왕세자로 책봉되었다.

노론은 더 나아가 아픈 경종을 대신해 영조가 대리청정을 해야 한다고 주장하다 경종의 눈 밖에 나며 큰 타격을 입었다. 노론의 지지를 받은 영조 또한 목숨이 위태로울 정도였으나, 1724년 경종이 갑자기 세상을 떠나면서 가까스로 왕의 자리에 오를 수 있었다.

탕평책을 실시해 왕권을 안정시키다

"붕당을 만드는 자는 영원히 정치에 참여시키지 않겠다."

영조는 즉위하자마자 붕당에 대한 입장을 밝히면서, 여러 붕당들이 균형을 이루어 국왕을 중심으로 국정에 동참하는 탕평책을 알렸다. 탕평이란 편을 가르지 않고 당파를 만들지 않아 어느 쪽에도 치우치지 않는 공정한 상태를 가리킨다. '이 나라는 노론의 것도, 소론의 것도 아니다. 오직 임금의 것이다.'라고 생각한 영조는 올바른 왕이 훌륭한 신하들의 도움을 받아 나라를 이끌어야 백성들이 편안하게 사는 세상을 만들 수 있다고 보았다.

그러려면 먼저 이복형인 경종과 자신을 둘러싸고 벌어진 피비린내 나는 소론과 노론의 대결을 해결해야 했다. 영조는 노론이 자신을 지지했다고 해서 소론을 내치고 노론을 등용하지 않고, 소론 정권을 유지하면서 서서히 노론을 불러들였다. 그러나 권력에 복귀한 노론은 달랐다. 소론을 정계에서 몰아내야 한다는 주장은 점점 더 심해졌다. 그러자 1727년, 영조는 노론 강경파 100여 명을 내쫓고 소론을 다시 불러들이기도 했다. 영조의 탕평 의지는 1728년에 남인인 이인좌가 소론 일부와 손을 잡고 독살당한 경종의 복수를 한다며 반란을 일으켰을 때에도 꺾이지 않았다. 탕평을 지키고자 하는 영조의 의지는 그야말로 대단했다.

영조가 가장 신경을 쓴 것은 인재 등용이었다. 당파를 뛰어넘어 고루 인재를 뽑아 쓰면 붕당 다툼도 막고 정치도 순조로워진다고 생각한 것이다. 영조는 중요한 벼슬자리를 붕당마다 고르게 나눠 주려고 했다. 영의정이 노론이면 좌의정은 소론인 식이었다.

하지만 그것만으로는 부족했다. 붕당의 온상인 서원 수를 줄이고 이조 전랑의 인재 추천권을 없앴다. 아울러 같은 붕당끼리는 혼인을 금지하고, 붕당 다툼을 일으킬 가능성이 높은 유학자들의 상소를 금지했다. 탕평과라는 과거를 치르고 성균관 입구에 탕평비를 세워 당파를 가리지 않고 인재를 뽑겠다는 뜻을 널리 알렸다. 서얼도 능력이 있으면 관리로 등용할 수 있도록 법을 제정했다. 탕평책을 통해 영조는 백성을 위한 개혁 정치를 펼쳐 나갈 기틀을 닦을 수 있었다.

세금은 형평에 맞게, 균역법을 실시하다

조선 시대의 세금 중 하나는 군역으로, 국방에 필요한 병력과 노동력을 제공하는 것이다. 16세에서 60세까지 상민 남자는 군역의 의무를 졌는데, 군대에 가는 대신 군포로 무명을 바쳤다. 나라에서는 상민들이 내는 군포로 군사를 고용했다. 조선 초에는 양반도 군역을 졌지만, 이런저런 핑계로 빠지다가 군역을 지지 않게 되었다.

조선 후기에는 경제가 발달해 돈을 번 농민이나 상인이 돈으로 양반 신분을 사면서 양반 수가 크게 늘었다. 양반이 느는 만큼 군역을 지는 상민 수가 줄기 때문에 상민들이 부담하는 군포는 크게 늘어날 수밖에 없었다. 충청 감사 홍계희는 62만 호가 져야 할 군역을 10만 호가 지고 있다고 할 정도였다. 군역 문제를 해결하지 않고서는 백성들의 생활을 안정시킬 수가 없었다.

> 조선 초기에는 신분을 양인과 천민으로 구분했는데 이후 양인을 다시 양반, 중인, 상민으로 구분했지. 실제로는 양반, 중인, 상민, 천민 이렇게 네 계층으로 구분된 거지.

거기 젊은이 말해 보게.

조선 여론 조사, 순문

순문은 임금이 대신들에게 의견을 물어보는 것을 말한다. 하지만 영조는 하급 관료는 물론이거니와 상민들을 대상으로 순문의 범위를 넓혔다. 영조는 백성의 어려움을 살피는 것에서부터 국가의 개혁 방향에 대한 찬반까지 여러 주제로 200번이 넘는 순문을 했다. 영조는 균역법에 대한 여론 조사를 위해 1750년에서 1751년까지 창경궁 홍화문에서 세 차례에 걸쳐 순문을 했다. 이때는 양반과 상민을 절반씩 참석시켰다. 청계천을 준설할 때도 순문을 했다.

이러한 전통은 고종 때까지 이어졌다. 고종은 지금의 덕수궁 앞 광장(오늘날의 서울 광장)에서 순문을 했다.

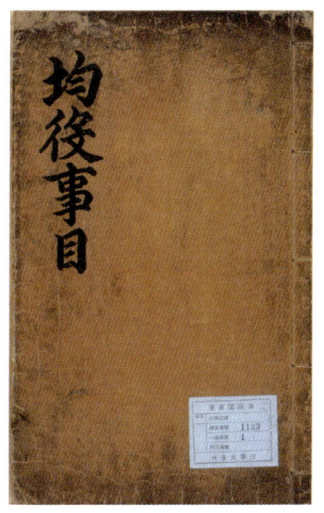

갓 태어난 남자아이는 물론 여자아이를 남자로 바꿔서 군포를 물리고, 죽은 사람까지 군적에 올려 군포를 물렸어.

영조 때 시행한 균역법의 주요 내용과 균역청에서 관장하던 사무를 수록해 놓은 《균역사목》이다. 《균역청사목》이라고도 한다. 1752년에 발간되었다.

영조는 신하들을 불러 대책을 논의했다. 처음에는 양반, 상민 가리지 말고 집집마다 공평하게 군포를 거두자는 안이 나왔다. 그러나 양반들의 격렬한 반대로 무산되었다. 그래서 나온 것이 상민들이 1년에 2필씩 내던 군포를 1필로 줄이는 균역법이었다. 균역법으로 줄어드는 세금 수입 100만 냥은 군과 관의 체제를 변경하여 쓰임을 줄이는 한편 왕실 수입이었던 고기잡이와 소금, 배에 물리던 세금인 어염선세를 국고로 돌리고, 토지세를 1결에 두 말씩 거둬 해결하기로 했다.

오랜 논의 끝에 1750년 마침내 균역법을 시행했다. 백성들은 이를 크게 반겼다.

상민과 노비의 경계를 허물다

영조는 균역법으로 상민들의 어려움을 해결한 뒤 국가의 노비, 공노비에게로 눈을 돌렸다. 노비에 대한 법은 매우 잔인하여 혼인할 수 없을 정도라며 당장 바로잡으라고 지시했다. 당시 노비들은 남녀 모두 나라나 주인에게 공물을 바쳐야 했다. 공노비는 나라에 남녀 불문하고 무명 1필, 사노비는 주인에게 남자는 2필, 여자는 1.5필을 바쳐야 했다. 이는 남자만 군포를 바치는 상민과 달랐다. 영조는 1755년에 공노비는 0.5필로, 사노비 남자는 1필, 사노비 여자는 0.5필로 공물을 줄여 주었고, 1775년에는 여자 사노비의 공물 납부를 폐지했다.

하나도 백성, 둘도 백성, 셋도 백성

영조의 통치 철학은 한마디로 백성이 있어야 군주가 있다는 것이다. 영조는 백성들이 억울한 일을 당하지 않게 하려고 태종 때부터 시행하다 연산군 때 폐지한 신문고 제도를 부활하였다. 영조가 다시 창덕궁에 신문고를 설치하자, 억울한 일을 당하여도 하소연할 데가 없던 백성들은 크게 반겼다.

영조는 백성들의 인권을 보호하려고 무겁고 잔인한 형벌 제도를 가다듬었다. 몽둥이로 사람의 몸을 가리지 않고 마구 치는 난장형과 두 다리를 한데 묶고 다리 사이에 두 개의 긴 막대기를 끼워 비트는 주리, 죄인을 꿇어앉혀 놓고 그 위에 무거운 맷돌을 올려 무릎을 으깨는 압슬형을 없앴다. 양반이 노비한테 함부로 구는 것도 금지시켰다. 또 사형수가 억울하게 죽는 일이 없도록 재판을 세 번 받을 수 있게 한 규정을 엄격하게 시행하도록 했다.

영조는 문화를 발전시키는 데에도 많은 힘을 기울였다. 우선 《경국대전》 이후 새롭게 바뀐 법과 제도 등을 반영하여 새 법전인 《속대전》을 펴내었다. 전국 각 군현에서 편찬한 읍지를 모아 전국 지리지 《여지도서》, 고대부터 우리나라의 문물제도를 망라한 우리나라 최초의 백과사전 《동국문헌비고》, 군사와 무기를 다룬 《속병장도설》 등 많은 책을 펴내었다. 또한 영조는 새로운 학문 실학을 장려하여, 홍대용의 《연행록》, 유형원의 《반계수록》 등도 이 시기에 간행되었다.

조선 최대의 공공사업, 청계천 공사를 시행하다

영조가 다음으로 관심을 기울인 것은 한양의 한복판을 흐르는 개천, 즉 청계천이었다. 당시 한양에는 조선 초의 적정 인구인 10만 명보다 배나 많은 20만여 명이 살고 있었다. 사람들이 버린 오물이나 하수가 모두 개천으로 흘러들어가면서 악취가 심하고 전염병이 유행할 위험도 생겼다. 비가 오면 많은 흙이 떠내려와 바닥을 메우다 보니 비가 조금만 많이 내리면 개천이 넘쳐 홍수가 났다. 나라에서는 5년마다 개천 바닥을 준설해야 했지만, 임진왜란 이후 준설 사업을 벌이지 않아 이런 일이 해마다 되풀이된 것이다.

영조는 1752년에 광통교에 행차하여 주민들에게 청계천에 대한 의견을 물었다. 1758년에 준설 공사 방안을 신하들과 의논하였고, 1759년에는 도성 주민과 관료들의 의견을 듣는 순문을 수십 차례 열었다. 공사 비용 때문에 반대도 많았지만, 마침내 1760년에 공사를 시작했다. 57일간 연인원 21만여 명을 동원하여 청계천의 바닥을 파내고 주변을 정비했다. 일거리가 없는 가난한 백성 6만여 명을 일꾼으로 쓰고 품삯을 주어 생활고를 해결해 주었다. 1773년에는 돌로 둑을 쌓아 홍수 피해를 막도록 했는데, 이때에도 가난한 백성들을 일꾼으로 쓰고 품삯을 주었다.

당시 공사의 모습을 그린 〈준천시사열무도〉의 한 장면이다. 흥인지문 남쪽 차일 안에서 영조가 공사하는 모습을 지켜보고 있다. 영조는 때때로 청계천에 나가 공사 진척 상황을 살펴보고 일꾼들을 독려했다. "이번 공사로 몇 년이나 지탱하겠느냐?"는 영조의 물음에 당시 책임자 홍봉한은 "백 년은 갈 것입니다."라고 답했다고 한다.

나를 아는 데 필요한 정보 ⑦

① 나 이산은 1752. 9. 22.~1800. 6. 28.까지 살았고, 1776. 3. 10.~1800. 6. 28.까지 왕이었다.
② 취미는 독서, 특기는 공부! 다방면의 책을 읽어 학문의 폭이 넓고 깊을 뿐 아니라 무예 실력도 뛰어났다.
③ 죄인인 사도 세자의 아들로 역경을 딛고 왕위에 올랐다. 세종 때처럼 태평성대를 이루는 게 꿈이었다.
④ 규장각을 설치해 인재를 기르고, 첩의 자식도 재주가 뛰어나거나 나라에 쓰임이 될 만하면 신분에 상관없이 뽑아 썼다.
⑤ 실학을 꽃피우고, 조선 후기 문화의 황금기를 일구었다.
⑥ 나의 온 꿈을 담아 신도시 수원 화성을 건설했다.
⑦ 소통의 달인! 궁 밖으로 자주 나가 백성들의 살림을 살피고 생각을 들었다. 조선 왕 가운데 1등일 것이다.

조선에서 나보다 똑똑한 자는 없을걸?

신하들이 공부를 안 하면 난리 났어.

22대 정조

조선 문화의 황금기를 열다

아버지 사도 세자가 노론의 음모로 뒤주에 갇혀 죽은 뒤, 할아버지 영조는 나를 돌아가신 큰아버지 효장 세자의 양자로 삼았어. "죄인인 사도 세자의 아들로 뒤를 이을 수 없다."며 세손 자리에서 내쫓으려는 노론에게서 나를 보호하려면 '죄인의 굴레'를 벗겨 주어야 했거든. 그래도 반대파들은 나를 세손 자리에서 내쫓으려 했고, 그게 어려워지자 나를 암살하려고까지 했어. 할아버지 뒤를 이어 왕위에 오른 내가 '사도 세자의 아들'이라고 선언하자, 새파랗게 질리는 그자들을 보니 어찌나 통쾌하던지…. 하지만 나는 정치 보복에 매달릴 생각이 없었어. 그저 핵심 인물 몇 명만 없앴지. 나는 세종 할아버지처럼 태평성대를 이루어 백성이 살기 좋은 나라를 만들고 싶었어. 규장각을 만들어 인재를 기르고, 신분과 당파에 관계없이 능력 있는 인재들을 골라 썼어. 궁 밖으로 자주 나가 백성들의 어려움을 직접 보살폈어. 백성들이 살 만해지니까 문화의 꽃이 활짝 피어났어. 실학, 국학, 서민 문화가 꽃피면서 민족 문화의 부흥기가 열렸지.

수원 화성은 정조가 상왕으로 살면서 자신의 뜻을 펼치려고 만든 신도시이다. 임진왜란과 병자호란을 거치면서 나타난 성곽의 문제점을 고치기 위해 조선, 중국, 일본 성곽의 장점들을 모두 참고하여 쌓았다. 사진은 동북공심돈으로 속이 비어 있어 군사들이 안전하게 오르내리며 적을 공격할 수 있다. 화성은 1997년 유네스코 세계 문화유산으로 지정되었다.

역경을 딛고 왕위에 오르다

1752년에 사도 세자와 혜경궁 홍씨의 장남으로 태어난 정조는 어려서부터 총명하기 그지없었다. 돌잡이로 책과 붓을 덥석 잡은 정조는 바로 책을 보는 시늉을 할 정도였는데, 정말 책을 좋아하는 공부벌레였다. 8세에 왕세손에 책봉된 정조는 왕위 계승 수업을 착실히 받고 있었는데 11세 때 아버지 사도 세자가 죽음을 맞이하면서 '죄인의 아들'이라는 굴레를 쓰게 되었다. 정조는 영조의 바짓가랑이를 잡고 아비를 살려 달라 애원했지만 아비의 죽음을 막을 수는 없었다.

죄인의 아들을 후사로 삼을 수 없었기에 영조는 정조를 일찍 죽은 큰아들 효장 세자의 양자로 삼은 뒤, 남인의 영수인 채제공을 스승으로 하여 제왕 수업을 시켰다. 그러나 사도 세자의 죽음을 이끌어 낸 노론은 여러 차례 정조를 암살하려 했다. 영조가 1775년에 정조에게 대리청정을 시키려 하자 노론은 격렬히 반대하였지만, 영조는 대리청정이 안 되면 왕위를 물려주겠다며 대리청정을 강행했다. 대리청정 2년째인 1776년, 영조는 친히 정조에게 유언장과 은 도장을 주어 후사를 맡겼다. 얼마 후 영조가 승하하자 정조는 왕위에 올랐다. 52년에 걸친 영조의 시대가 가고 스물다섯 젊고 패기 넘치는 새 왕의 시대가 열렸다.

인재 재교육 프로그램 초계문신 제도

과거 시험에 합격한 사람 중에서 37세 이하의 젊은 인재를 뽑아 3년 정도 특별 교육을 시키는 제도이다. 인재들은 질 높은 교육을 받으며 매월 두 차례 시험을 치러 성적에 따라 상벌을 받았다. 정조와 헌종 때 12회에 걸쳐 198명을 뽑았는데 대표적인 인물이 정약용이다. 초계문신들의 이름을 기록해 둔 《초계문신제명록》에 정약용 이름(동그라미 부분)이 있다.

정약용

왕권을 강화하다

왕위에 오른 정조는 영조가 닦아 놓은 강력한 왕권을 바탕으로 개혁 정책을 펼쳐 나가려 했다. 그러려면 자신의 개혁 정책을 지지하고 뒷받침할 인재가 필요했다. 이를 위해 정조는 왕위에 오르자마자 규장각을 설치했다. 겉으로는 궁중에 있는 책과 유물을 보관하는 곳이지만 실제로는 개혁 정책과 문화 정치를 함께 펴 나갈 인재를 기르고 개혁 정책을 만드는 두뇌 집단이었다. 정조는 신분과 붕당을 가리지 않고 인재들을 규장각에 불러 모았다. 서얼 출신인 이덕무, 박제가 등을 규장각 검서관으로 뽑아 새로운 바람을 일으켰고, 규장각에서 학문을 닦은 인재들은 조선 후기 새로운 사상인 실학을 바탕으로 정조의 개혁 작업을 밑받침했다. 아울러 정조는 친위 부대인 장용영을 두어 왕권을 강화하고 개혁을 이룰 수 있는 힘을 쌓았다.

정조는 할아버지 영조의 뒤를 이어 탕평책을 계속 펴 나갔다. 그러나 정조의 탕평책은 영조의 탕평책과 달랐다. 영조가 온건파를 중심으로 노론과 소론, 남인 사이의 비율을 기계적으로 맞춰 나갔다면, 정조는 국왕 중심의 개혁을 지지하는 남인과 소론, 노론 소장파로 세력을 형성해 사도 세자를 죽음으로 몰고 간 세력에 대항하는 방식을 썼다. 따라서 정계에서 밀려나 있던 소론과 남인들이 대거 정계에 나올 수 있었다.

김홍도가 그린 〈규장각도〉 • 오른쪽 누각 아래층은 책을 보관하는 도서관, 위층은 왕과 신하들의 연구실이다. 보통 아래층을 규장각이라 부른다.

모두가 어울려 잘사는 나라

정조는 상언과 격쟁 제도를 적극 실시해 백성과 소통하려 노력했다. 상언은 자신의 생각을 글로 써서 왕에게 올리는 것이고, 격쟁은 왕이 궁 밖으로 나갈 때 꽹과리를 쳐서 왕에게 직접 억울함을 호소하는 것이다. 상언은 글을 아는 양반들이 사용했고, 격쟁은 글을 모르는 백성들이 주로 사용했다. 정조는 조선 왕 가운데 궁 밖 출입을 가장 많이 한 만큼 격쟁의 기회도 많았다. 또한 60여 차례나 암행어사를 보내 백성들의 삶을 살피고 지방관의 탐학을 방지하려 했다.

당시 조선은 큰 변화를 겪고 있었다. 농사법이 발달하여 생산량이 늘고, 담배, 인삼 같은 상품 작물(시장에 내다 팔기 위해 재배하는 농작물) 재배로 전국에 장시가 발달했다. 농업과 상공업이 발달하면서 부유한 농민과 상인 들도 늘었다. 이들 부자는 돈으로 양반 신분을 사서 신분을 올리기도 했다. 한편 상업이 발전하면서 조정으로부터 허가 받지 않은 상인인 난전이 늘어났고, 세금을 내는 대신 난전을 단속할 수 있는 '금난전권'을 갖고 있던 시전 상인이 난전을 단속하면서 다툼이 거듭되었다. 세금을 내는 시전 상인들은 그만큼 물건 값을 비싸게 받아 백성들의 불만도 많이 샀다. 조선 초의 농본주의와 달리 상업을 발전시켜야 나라와 백성이 발전할 수 있다고 생각한 정조는 1791년 금난전권을 폐지하였다. 시전 상인들과 이들의 돈을 받던 세력의 반대가 만만치 않았지만, 상업이 더욱 발전할 수 있는 길이 열렸다.

김홍도의 〈장터 길〉 • 물건을 팔러 길을 나서는 사람들의 모습으로, 상업이 발달하며 변화의 바람이 한창 일고 있는 조선 후기의 모습이 드러나 있다.

조선 후기 문화가 활짝 꽃피다

정조는 강한 왕을 중심으로 백성이 잘사는 나라, 문화가 꽃핀 나라를 꿈꾸었다. 착실하게 왕권을 안정시키고 인재를 길러 개혁 정치를 펴자 사회 경제가 발전하고 이를 토대로 문화가 크게 발전했다. 새로운 문화, 새로운 바람은 서민들에게까지 퍼져 판소리, 한글 소설, 민화, 사설 시조 등 서민 문화가 발전하였다. 서민까지 문화를 즐기는 시대가 되니 그야말로 조선의 르네상스가 활짝 열린 것이다.

이렇게 문화가 발전할 수 있었던 데에는 중국을 보는 눈이 바뀐 것도 한몫했다. 한낱 오랑캐라 여기던 청나라의 발전된 모습이 알려지며 중국에 대한 사대주의가 사그라지고 조선이 세상의 중심이라는 생각이 싹텄다. 자연히 우리 것에 대한 관심이 높아져 그림에서도 중국 그림을 모방하는 대신 우리 산천을 그대로 그리는 진경산수화가 유행하였다.

〈정리자〉• 정조는 수많은 책들을 펴내면서 인쇄하기 좋게 활자를 개량했다. 《정리의궤통편》을 펴낼 때 만들어 〈정리자〉라 불리는 활자는 높낮이가 같아 인쇄하기 좋았다.

우리 것이 좋은 거여!

〈인왕제색도〉• 진경산수화를 완성한 화가인 정선이 인왕산에 큰 비가 내린 후 개어 가는 모습을 사실적으로 그려 낸 작품이다.

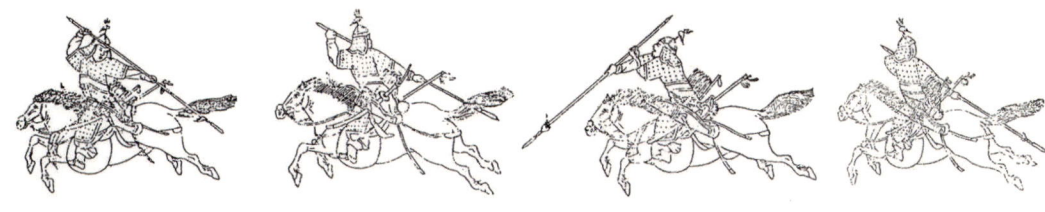

《무예도보통지》• 24가지 전투 기술을 그림으로 쉽게 설명한 종합 군사 훈련 교본으로, 정조의 친위 부대 장용영은 이 책대로 치밀하게 훈련했다. 정조의 왕권 강화 의지가 담겨 있는 책이다. 《무예도보통지》에 실린 훈련법 일부이다.

신도시 화성을 건설하다

정조는 1789년 아버지 사도 세자의 묘를 수원 팔달산 밑으로 옮기면서 그 주변에 수원 화성을 쌓은 뒤, 세자가 열다섯 살이 되면 왕의 자리를 물려주고 어머니 혜경궁 홍씨를 모시고 와 살 계획을 세웠다. 1794년 1월에 화성이 들어설 터를 닦는 공사가 시작되었다. 10여 년이 걸릴 것이라 예상했던 화성은 2년 9개월 지난 1796년 9월 그 웅장한 모습을 드러냈다.

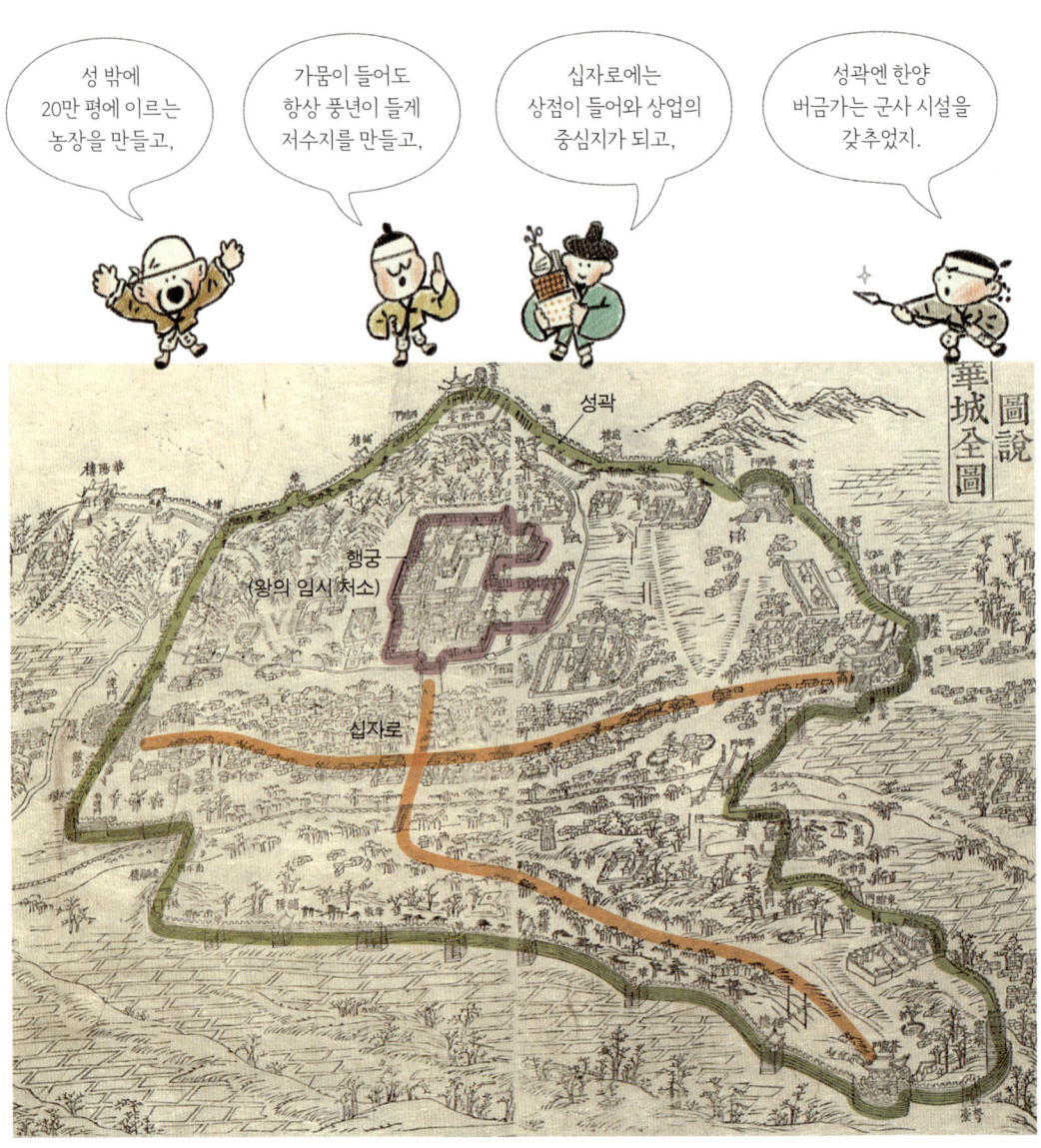

화성 공사의 모든 것을 낱낱이 기록한 《화성성역의궤》 중 화성 전도 부분. 신도시 화성을 한눈에 볼 수 있다.

화성은 건설 과정부터 남달랐는데, 거중기와 녹로 등 서양의
과학 기술을 사용하여 노동력을 크게 절감했다. 또 일부 구조
물은 벽돌로 쌓아 공사비를 아끼고 공사 기간을 줄였다. 그전
과 달리 백성들을 강제로 동원하는 대신 전국에서 일꾼을 뽑
아 품삯을 주어 백성들의 원성을 사는 일도 없었다.

정조의 꿈이 담겨 있는 수원 화성은 경제와 군사를 중심으로
한 계획도시였다. 정조는 자신의 개혁 정치를 반대하는 세력
이 있는 한양을 떠나 새로운 곳에서 새로운 정치를 하며 이들
과 함께 부강한 나라를 만들고 싶어 했다. 그러나 안타깝게도
1800년 갑자기 죽음을 맞는 바람에 화성에서 살겠다는 꿈을
이루지 못했다.

정약용이 만든 거중기

미완으로 남은 정조의 꿈

정조는 조선 후기 문화의 황금기를 일구었지만, 정조에 반대하는 노론의 힘도 만만치 않았다.
1800년 들어 정조는 몸이 약해져 자주 자리에 누웠는데, 이에 따라 붕당 간의 다툼도 점점 심해
졌다. 그런 가운데 정조는 11세의 순조를 세자로 책봉한 뒤, 1800년 6월 28일에 갑자기 죽음을
맞았다. 정조의 죽음으로 정조의 개혁 정책은 모두 물거품이 되었다.

《정조국장도감의궤》 중 정조의 상여 부분

조선의 르네상스를 함께 일군 사람들

할아버지 영조가 닦은 기반 위에서 정조는 왕권을 강화해 정치를 안정시키고 조선의 르네상스를 꽃피운다. 정조와 함께 조선 후기 문화의 황금기를 일군 사람들을 만나 보자.

채제공(1720~1799)
특징 : 정조 때의 명재상
별명 : 청백리의 표상
업적 : 영조, 정조 시대의 명재상. 사도 세자의 스승으로 영조가 사도 세자를 폐위할 때 결사반대했고, 세손을 교육하고 보호하는 후견인 역할을 했다. 남인의 대표로 세손을 보호하는 일에는 반대파인 노론과도 긴밀히 협력했다. 노론의 견제가 심했으나 소신을 굽히지 않고 정조를 도와 개혁 정책을 실현시켰다. 금난전권 폐지와 수원 화성 건설을 총지휘했다.

홍국영(1748~1781)
특징 : 정조를 지킨 보디가드
별명 : 정조의 오른 날개
업적 : 1772년 과거에 급제해 사관을 맡다가 영조의 명으로 세손을 보좌하며 '세손의 오른 날개'라는 말을 들었다. 암살 음모에 시달리는 정조의 경호 대장으로 정조 곁을 지켰다. 정조에 반대하는 정후겸, 홍인한 등을 없애고 도승지에 올라 실권을 잡았다. 정조가 "경이 없었다면 오늘의 내가 있겠는가?"라고 할 정도로 신임했다. 그러나 정조의 신임을 믿고 누이동생을 후궁으로 들이며 권력을 마구 휘두르다 자리에서 쫓겨났다. 고향에 내려온 홍국영은 젊은 나이에 병을 얻어 죽었다.

김홍도(1745~1806?)
특징 : 조선의 천재 화가
별명 : 조선을 그린 화가
업적 : 7~8세부터 강세황의 지도 아래 그림을 그렸고, 그의 추천으로 도화서 화원이 되었다. 1773년에 영조 어진과 세손 초상을 그렸다. 1791년에 정조 초상을 그려 충청도 연풍 현감이 되었다. 정조의 전폭적인 지원 아래 당대 최고의 화가로 자리 잡았다. 김홍도는 산수, 인물, 불화 등 모든 분야에 뛰어났지만 특히 풍속화로 유명하다. 길쌈, 타작, 고기잡이 등 서민들의 생업과 씨름, 무동, 윷놀이 같은 놀이, 빨래터와 우물가 등 일상생활을 따뜻하게 그려냈다. 김홍도의 풍속화는 조선 후기 서민 생활을 잘 보여 준다.

심환지(1730~1802)
특징 : 노론 벽파의 영수
별명 : 당동벌이, 패싸움의 달인
업적 : 사도 세자의 죽음이 정당하다고 주장하는 노론의 영수였다. 젊어서는 홍국영을 공격하는 논의를 적극 주장했다. 1795년에 우의정과 좌의정을 지냈고, 1800년에 정조가 죽고 순조가 즉위하면서 영의정에 올랐다. 정조의 친위 부대였던 장용영을 없애고, 신유박해를 일으켜 반대파들을 처형 혹은 유배 보내는 등 정조의 개혁 정책을 무산시켰다. 《조선왕조실록》에 "본래 아둔하고 재능이 없어 공적이 보잘것없었고, 오직 당동벌이했을 뿐이었다. 다만 권위가 높았는데도 자못 검소하다."라고 되어 있다.

정약용 (1762~1836)
특징: 실학의 집대성자
별명: 조선의 레오나르도 다빈치
업적: 1789년에 문과에 합격하여 규장각 초계문신으로 발탁되는 등 정조의 총애를 받았다. 수원 화성을 설계하고, 정조가 화성의 사도 세자 묘인 현륭원으로 행차할 때 한강을 건널 수 있도록 배다리를 고안했다. 남인인 데다 집안에 천주교 신자가 많아 노론의 정치적 공격이 끊이지 않았다. 1800년에 벼슬을 버리고 고향으로 돌아갔으나, 정조가 죽은 뒤 1801년 신유박해로 유배를 당해 강진에서 18년간 유배 생활을 했다. 《경세유표》, 《목민심서》, 《흠흠신서》 등 500여 권의 저서를 남겼다.

정선 (1676~1759)
특징: 진경산수화의 완성자
별명: 우리 것이 좋은 거여!
업적: 진경산수화를 완성한 조선 후기 최고의 화가 중 한 명이다. 진경산수화란 눈앞에 펼쳐진 실제 경치를 보고 우리 자연의 아름다움을 우리 고유의 화풍으로 그린 그림인데, 조선 후기 중국 중심의 세계관에서 벗어나 우리 것에 대한 자부심이 커진 경향이 산수화에도 그대로 반영된 것이다. 여행을 즐겨 서울 근교의 이름난 곳들은 물론 금강산 일대를 돌며 아름다운 우리 자연을 화폭에 남겼다. 도화서 화원으로 시작해 현감까지 지냈다.

박지원 (1737~1805)
특징: 북학파의 우두머리
별명: 풍자 문학의 최고봉
업적: 명문가의 후예로 과거를 보지 않고 홍대용, 이덕무, 유득공, 이서구, 박제가 등과 학문을 나누었다. 1780년에 친척 형 박명원이 사은사로 청나라에 갈 때 개인 수행원 자격으로 청나라를 방문해 약 5개월 동안 청나라의 학문과 문화를 접했다. 돌아와서 조선 최고의 기행문 《열하일기》를 발표해 청나라의 선진 문물을 배우자는 북학론을 주장했는데, 내용뿐 아니라 문체도 파격적이고 해학적이었다. 《양반전》, 《허생전》, 《호질》, 《예덕선생전》 등 자유기발한 문체로 여러 편의 한문 소설을 발표해 양반들의 타락상과 허위의식을 고발했다.

이덕무 (1741~1793)
특징: 손에서 책을 놓은 적이 없다.
별명: 간서치(책만 보는 바보)
업적: 어려서부터 책 읽기를 유난히 좋아해서 '간서치(책만 보는 바보)'라 할 정도였다. 여러 방면에 박식하였으나 서얼이라 과거를 볼 생각은 하지 못했다. 1778년에 사은사인 심염조를 따라 청나라에 다녀온 후 실학과 북학론을 발전시켰다. 영조의 서얼 철폐와 정조의 서얼 등용에 힘입어 1779년 박제가, 유득공, 서이수 등과 함께 규장각 검서관으로 수많은 책을 편찬하고 정리했다. 저서로는 자서전 격인 《간서치전》을 비롯하여 《관독일기》, 《영처시고》, 《이목구심서》, 《예기고》 등 수십 권이 전해 온다.

> 아아, 내가 허수아비라니….

> 세도가들의 나라가 되었어.

나를 아는 데 필요한 정보 ❼

① 나 이공은 1790. 6. 18.~1834. 11. 13.까지 살았고, 1800. 7. 4.~1834. 11. 13.까지 왕이었다.
② 세상 물정 모르는 열한 살에 왕이 되었다.
③ 증조할머니 정순 왕후가 스스로 여자 국왕이라 부르며 수렴청정을 했다.
④ 내 뜻은 아니었으나, 천주교를 탄압했다.
⑤ 세도 가문인 안동 김씨, 반남 박씨, 풍양 조씨에 눌려 왕 노릇 한번 제대로 못 했다.
⑥ 조선 왕조를 부정하며 홍경래 무리가 들고일어나 조선 팔도가 발칵 뒤집혔다.
⑦ 34년 동안 왕위에 있으면서 뭐 하나 제대로 이룬 게 없지만, 그래도 내 문집을 20권 남기고 《만기요람》 같은 책도 펴냈다.

23대 순조

세도 정치가 시작되다

아버지 정조가 갑자기 죽는 바람에 열한 살에 왕이 되었어. 얼마나 떨리고 무서웠는지 알아? 내가 너무 어리니까 처음에는 증조할머니가 나라를 다스렸어. 열네 살 때부터 직접 나랏일을 챙겼는데, 왕권을 키우는 일부터 시작했지. 아버지처럼 부강한 나라를 만드는 게 내 꿈이었거든. 난 먼저 장인인 김조순의 도움을 받아 증조할머니 편을 싹 몰아냈어. 그런데 여우 피하니 범 만난다고, 어느새 김조순이 야금야금 권력을 손에 넣기 시작하대? 그러고는 몇몇 세도 가문과 손잡고 벼슬을 독차지했어. 세도 정치가 시작된 거야. 세도가들은 벼슬을 사고팔고 백성을 마구 쥐어짰어. 백성은 점점 살기 어려워졌고, 급기야 홍경래가 난을 일으켜 나는 더욱 궁지에 몰렸지. 난 똑똑하고 추진력도 강한 아들 효명 세자를 내세워 세도가들을 누르려고 했어. 하지만 하늘도 내 편은 아니었던지 그만 효명 세자를 데려가고 말았네. 희망을 잃은 난 화병으로 세상을 떴어. 세도 정치를 막지 못해 낯이 안 서는구나.

김조순은 영조를 지지하다 목숨을 잃은 김창집의 후손이다. 규장각 초계문신 출신으로 성격이 곧고 밝은 데다 문장이 뛰어나 정조가 크게 믿고 아꼈다. 정조는 죽기 전 김조순에게 순조를 잘 보필해 달라고 부탁했다. 그러나 딸이 순조의 왕비가 되고 난 뒤, 권력을 틀어쥐고 안동 김씨 세도 정치의 기틀을 닦았다. 원래 안동 김씨는 김상용, 김상헌 형제 집안으로, 충절과 학문을 숭상해 온 이름 높은 가문이었다. 하지만 순조 대부터 60여 년 동안 세도 정치로 나라를 어지럽혔다.

열한 살 어린 나이에 왕위에 오르다

순조는 둘째 아들이었으나 이복형인 문효 세자가 일찍 죽는 바람에 1800년 세자가 되었다. 같은 해 정조가 갑자기 죽어 열한 살에 왕위에 올랐으나, 나이가 어려 정순 왕후가 수렴청정을 했다. 정순 왕후는 신하들에게 충성 서약을 받고, 친정붙이를 끌어들여 권력을 휘둘렀다. 정조는 천주교를 서학(서쪽에서 들어온 학문)으로 여겨 비교적 너그럽게 넘겼다. 그런데 정순 왕후는 조상에 대한 제사를 부정하고 평등 사상을 내세우는 천주교를 유교 질서를 흔드는 사악한 종교로 보았다.

1801년 정순 왕후는 천주교에 대한 금압령을 내려 이승훈, 정약종 등 100여 명을 처형하고, 정약용 등 400여 명을 귀양 보냈다. 이를 '신유박해'라고 하는데, 정순 왕후와 노론이 정조 대 크게 활약한 남인에 대한 정치적 탄압 성격이 짙었다. 이어 정순 왕후는 장용영을 폐지하는 등 정조의 개혁 정책을 모두 되돌렸다.

한편 정순 왕후는 같은 해 순조 이름으로 교지를 내려 관에 속한 공노비를 모두 풀어 주었다. 1803년에는 정순 왕후가 수렴청정을 거두고, 순조가 직접 나라를 다스리기 시작했다.

〈일월오봉도〉• 왕이 나랏일을 보는 곳뿐만 아니라 왕이 거둥하는 곳에는 늘 왕이 앉는 용상 뒤에 〈일월오봉도〉를 놓아두었다. 〈일월오봉도〉에는 산봉우리 다섯 개와 해, 달, 소나무, 물을 그려 넣었는데, 나라와 왕실의 번영을 바라는 뜻이 담겨 있다. 〈일월오악도〉라고도 하며, 주로 4폭이나 8폭짜리 병풍으로 만들었다.

부강한 나라를 만들고 싶은 꿈, 세도 정치에 꺾이다

아버지 정조를 닮아 공부를 좋아한 순조는 정조의 개혁 정치를 본 삼아 부강한 나라를 만들고 싶었다. 순조는 장인인 김조순의 힘을 빌려 정순 왕후 세력을 몰아내고 왕권을 키우려 했다. 하지만 1805년 정순 왕후가 죽고 그 일파가 몰락하자, 김조순은 나랏일을 결정하는 최고 기구인 비변사를 손에 넣었다. 그러고는 중요한 벼슬자리에 안동 김씨를 앉히고 나라를 쥐고 흔들었다. 세도 정치가 시작된 것이다.

이제 과거는 이름뿐이었고, 벼슬을 사려는 자들로 세도가의 문지방이 닳고 닳았다. 돈으로 벼슬을 산 자들은 본전에 이자까지 챙기려고 백성을 쥐어짰다. 순조는 탐관오리의 횡포를 막으려고 암행어사를 파견했지만, 모두 한통속이라 소용없었다. 흉년까지 겹쳐 백성들은 굶주림에 허덕였고, 1811년 12월에 급기야 홍경래가 난을 일으켜 나라가 더욱 어지러워졌다.

순조는 1826년 효명 세자의 장인인 풍양 조씨 조만영을 이조 판서에 앉혀 안동 김씨를 누르려고 했으나, 이마저 여의치 않았다. 결국 순조는 1827년 효명 세자에게 대리청정을 시키고 나랏일에서 손을 뗐다. 효명 세자는 과거를 치러 인재를 뽑고, 형벌을 가볍게 하는 등 의욕적으로 안동 김씨에 맞섰으나 3년 뒤 갑자기 세상을 떠났다. 그 뒤 순조는 세도 정치에 눌려 허수아비 왕으로 지냈다.

홍경래의 난

1811년 12월, 홍경래, 우군칙, 이희저 등은 평안도 지방의 상인과 몰락 양반, 땅을 잃고 떠도는 백성을 끌어모아 평안도 가산 다복동에서 일어섰다. 이들은 "김조순, 박종경 무리가 제멋대로 권력을 휘둘러 나라를 어지럽히고 백성을 굶주림에 빠트렸다…. 여러 고을 수령들은 성문을 활짝 열어 의로운 우리 군대를 맞으라. 평서 대원수 홍경래."라는 격문을 사방에 띄웠다. 처음에는 평안도 백성이 크게 호응해 청천강 이북 9개 읍을 점령하고 기세를 떨쳤다. 하지만 박천의 송림 전투에서 관군에게 패하고 정주성에 들어가 저항하다 4개월 만에 진압당했다. 홍경래가 이끈 봉기는 조선 후기 농민 항쟁의 물꼬를 텄다.

나를 아는 데 필요한 정보 ❼

① 나 이환은 1827. 7. 18.~1849. 6. 6.까지 살았고 1834. 11. 18.~ 1849. 6. 6.까지 왕이었다.
② 훤칠한 인물에 글씨도 잘 썼다.
③ 순조 임금의 손자로 여덟 살에 왕이 되었다.
④ 할머니네 안동 김씨와 어머니네 풍양 조씨가 나를 제치고 정치를 한 셈이다.
⑤ 천주교가 백성들에게 나쁜 영향을 미친다고 판단하여 1839년 기해년에 많은 천주교 신자를 색출해 처형했다.
⑥ 백성들에게 공식적으로 천주교의 폐해를 알리는 '척사윤음'을 전국에 돌렸다.
⑦ 천주교를 탄압하지 말라는 프랑스의 항의 서한에 답신을 보냈는데, 그게 우리나라에서 최초로 서양에 보낸 외교 문서였다.

24대 헌종

여덟 살에 왕이 되다

여덟 살의 왕, 상상이 되니? 그게 바로 나야. 왕은 왕인데 왕 노릇을 할 수 없으니 할머니가 나랏일을 대신 보았지, 내가 열다섯 살이 될 때까지. 할머니의 친정인 안동 김씨가 홀로 세도를 부리려 했지만, 할아버지가 생전에 풍양 조씨인 외종조부에게 나를 돌봐 줄 것을 부탁했기 때문에 그럴 수는 없었어. 안동 김씨와 풍양 조씨가 함께 세도를 부리면서 나라는 엉망이 되었어. 수해와 전염병으로 백성들의 생활은 어려워지는데, 관리들의 부정부패는 갈수록 심해졌어. 서양 배인 이양선이 출몰하고 천주교가 기승을 부리고, 민심은 날로 흉흉해졌어. 점점 이게 아니다 싶었어. 아버지 효명 세자처럼 나라를 제대로 다스려야겠다고 결심했어. 먼저 외갓집 식구들을 불러 경고했어. 새로운 인재를 뽑고 군권도 장악했어. 그런데 나라를 바꾸려 하자 몸이 말을 듣지 않는 거야. 결국 나는 23세에 후사도 남기지 못하고 세상을 떠났어.

경기도 구리시 동구릉 안에 있는 경릉으로, 헌종과 왕비들이 묻혀 있다. 조선 왕릉 중 유일하게 세 사람이 나란히 묻힌 삼연릉이다. 오른쪽에 왕을 묻고 왼쪽에 왕비를 묻는다는 '우왕좌비'의 원칙에 따라 맨 오른쪽이 헌종, 가운데가 효현 왕후 김씨, 왼쪽이 계비인 효정 왕후 홍씨 능이다.

어린이가 왕위에 오르면서 세도 정치가 본격화되다

1830년 효명 세자가 세상을 뜨면서 4세에 왕세손에 책봉된 헌종은 1834년 순조가 죽자 8세에 왕위에 올랐다. 나라를 다스리기에는 너무 어려 궁궐의 최고 어른이자 할머니인 순조 비 순원 왕후가 수렴청정을 했다. 순원 왕후는 친정인 안동 김씨 김조근의 딸 효현 왕후를 왕비로 삼았고, 안동 김씨가 대를 이어 세도를 부릴 듯했다. 하지만 수렴청정 중에도 안동 김씨 홀로 세도를 부릴 수는 없었다. 순조가 죽으면서 헌종의 외종조부인 풍양 조씨 조인영에게 헌종을 돌봐 달라고 부탁했기 때문이다. 풍양 조씨는 조정에서 세력을 넓혀 나가 안동 김씨와 권력을 나누어 가졌다.

유학은 정학이요 천주교는 사학이다

헌종 때는 위기가 본격적으로 드러나기 시작한 때였다. 거름을 거의 주지 않고 매년 농사를 짓다 보니 땅이 메말라 해마다 흉년이 들었다. 거기에다 홍수가 겹치니 해마다 기근과 전염병이 유행했다. 굶주림과 병으로 죽는 사람이 넘쳐 났다. 하지만 조정에서는 아무 대책도 없었다. 고달픈 삶에 지친 사람들은 천주교 등 새로운 종교에서 희망을 찾았다. 새 세상을 꿈꾸는 사람들이 늘자 조정에서는 단속을 강화했다.

가장 먼저 철퇴를 맞은 것은 천주교였다. 천주교는 1801년 신유박해의 상처를 씻고 교황청에서 조선을 별도의 교구로 만들 정도로 교세를 늘려 나갔다. 헌종 1년인 1835년에 모방 신부가 최초로 조선에 들어왔다.

조정에서는 1839년 기해년에 천주교 교도 색출에 나서 프랑스 신부들을 비롯해 70여 명을 체포, 처형하였는데, 이를 기해박해라고 한다. 그 뒤 조정에서는 조인영이 올린 '척사윤음'을 전국에 돌려 백성들에게 천주교의 폐해를 널리 알렸다. 바른 학문인 유학을 통해 사악한 학문인 천주교를 이겨 내자는 내용이었다. 천주교에 대한 탄압은 그 뒤에도 계속되어 1846년에는 우리나라 사람으로는 최초로 신부가 된 김대건을 처형했다.

천주교 박해 역사

17세기부터 천주교가 들어오면서 지식인들 사이에 퍼져 나갔다. 양반들 중 일부는 학문적인 관점에서 천주교를 서양 학문 즉 서학이라고 했다. 실학의 발전에 큰 영향을 끼쳤다. 하지만 종교로 믿는 사람이 늘어나면서 양반들 대다수는 천주교를 사교로 보아 배격했고, 조정에서도 금지령을 내렸다.

1791년 신해박해 : 전라도 진산의 양반 윤지충과 권상연이 윤지충의 어머니가 세상을 떠났을 때 제사를 지내지 않고 신주를 불살랐다. 정조는 두 사람을 사악한 종교를 신봉해 널리 퍼뜨렸다 하여 처형했다.

1801년 신유박해 : 순조 1년 정순 왕후가 금교령을 내렸다. 이승훈, 정약종 등 남인 계통의 사람들과 주문모 신부, 황사영 등 모두 100여 명이 처형되고 400여 명이 유배되었다.

1839년 기해박해 : 헌종 5년 다시 금압이 시작되어 모방 신부, 샤스탕 신부, 앵베르 주교가 순교했고 많은 교인들이 처형됐다.

1866년 병인박해 : 고종 3년인 1866년부터 1871년까지 계속되었던 우리나라 최대 규모의 천주교 금압이다. 흥선 대원군은 자신의 개혁 정치로 양반들의 불만이 높아지자, 천주교 금압을 선포해 천주교 교도 8000여 명을 처형했다.

1839년 10월 헌종이 천주교를 배척하기 위해 백성들에게 내린 교지, '척사윤음'이다. 천주교의 폐해를 적어 알리는 글로 한글로 주석을 달았다. 헌종 5년과 고종 18년에 각각 간행되었다.

세도 정치를 없애려 했지만…

수렴청정이 7년 만에 끝난 뒤, 1841년에 헌종이 나라를 직접 다스리면서 풍양 조씨가 세도를 부렸다. 헌종은 이름만 왕일 뿐 왕실의 제사나 지내는 허수아비에 불과했다. 하지만 헌종이 20대에 접어들면서 아버지인 효명 세자처럼 세도가들을 견제하기 시작하였다. 과거의 폐단을 단호하게 지적하였고, 왕의 친위 세력을 기르려고 군사 제도도 정비하였으며, 세도가들에 의해 쫓겨난 자들을 불러들였다. 외삼촌인 조병구를 불러 풍양 조씨의 전횡과 부패를 경고하기도 했다. 1849년에는 훈련대장, 금위대장은 물론 병조 판서까지 안동 김씨나 풍양 조씨가 아닌 인물로 채웠다. 그러나 그해 헌종은 후사도 없이 창덕궁에서 생을 마감했다. 세도 정치를 뿌리 뽑으려는 그의 의지도 함께 사그라졌다.

나를 아는 데 필요한 정보

① 나 이원범은 1831. 6. 17.~1863. 12. 8.까지 살았고, 1849. 6. 9.~1863. 12. 8.까지 왕이었다.
② 열아홉까지 강화도에서 농사짓고 나무하며 평민처럼 살았다. 왕이 되리라고는 꿈에도 생각하지 못 했다.
③ 나를 왕으로 인정하지 않는 사람들은 날 얕잡아 보는 뜻으로 강화도령이라 불렀다.
④ 왕이 힘이 없으니 세도 정치가 극에 달해서 완전한 안동 김씨 세상이 되었다.
⑤ 관리들의 부정부패가 극에 달하자 참다못한 백성들이 전국에서 들고일어났다.
⑥ 민란의 원인이 된 탐관오리를 벌하고 삼정이정청을 설치하는 등 백성 편에서 해결해 보려 했으나 흐지부지되었다.
⑦ 허수아비 왕 노릇은 너무 괴로웠다. 왕 노릇 14년 만에 건강을 완전히 해쳤다.

25대 철종

세도 정치 절정기, 꼭두각시로 살다

헌종이 자식 없이 죽자 순조 비인 대왕대비 순원 왕후는 왕위를 이을 알맞은 사람을 찾고 있었어. 순원 왕후가 찾아낸 사람은 강화도에 유배되어 나무나 하며 사는 나였어. 세상 물정 모르고 무식해 친정인 안동 김씨가 마음대로 부릴 수 있었거든. 열아홉 살에 왕위에 오른 나를 대신해 순원 왕후가 수렴청정을 했어. 3년 뒤에는 나라를 직접 다스렸지만, 안동 김씨의 꼭두각시인 내가 할 수 있는 일은 아무것도 없었어. 안동 김씨는 돈을 받고 벼슬을 팔았고, 벼슬을 산 양반들은 온갖 농간을 부려 백성들을 마구 쥐어짰어. 백성들의 불만은 전국 각지에서 봇물 터지듯 폭발했어. 무려 70여 곳에서 민란이 일어났지.
나는 꼭두각시 노릇에서 오는 괴로움을 술과 여자로 풀다가 건강을 해쳐 민란이 폭발했던 이듬해에 자식도 없이 죽었어. 신하들은 세상 물정 모르는 나의 허물을 가리려고 했을까? 내 묘호를 똑똑한 임금이라는 뜻의 '철종'으로 지었어.

역적의 가족에서 하루아침에 왕이 되었을 때 철종의 심정은 어땠을까? 평민에서 왕으로 신분 상승을 했다고 좋아했을까? 아니면 자신의 앞날을 한 치 앞도 가늠할 수 없어 두려움에 떨었을까? 철종이 자신을 왕으로 모셔 가기 위해 오는 행렬을 역적을 잡으러 오는 행렬로 착각하여 산으로 도망쳤다는 이야기도 전해 온다.
사진은 철종이 강화도에 유배되어 살던 용흥궁이다.

시골 청년, 하루아침에 왕이 되다

헌종의 뒤를 이어 왕위에 오른 철종은 정조의 이복동생 은언군의 손자이다. 큰형이 1844년에 역모로 사약을 받고 죽은 뒤, 가족과 함께 강화도로 유배되어 농사를 짓고 나무를 하며 살았기 때문에 왕이 되리라고는 꿈도 꾸지 않았다. 그런데 1849년에 헌종이 후사도 없이 세상을 떠나자 궁궐의 최고 어른인 순조 비 순원 왕후는 강화도에서 근근이 살아가던 철종을 왕으로 내세웠다. 허수아비 왕을 세워 놓으면 친정인 안동 김씨가 세도를 부리기에 적합했기 때문이다. 철종이 왕에 오른 지 3년간은 순원 왕후가 수렴청정을 하였다. 1851년에는 순원 왕후의 친정인 안동 김씨 김문근의 딸을 왕비로 맞았다. 헌종 때 풍양 조씨에게 밀린 적이 있었던 안동 김씨는 권력을 놓치지 않기 위해 여러 세도가들을 끌어들여 권력 기반을 다지는 등 온갖 애를 썼다. 때문에 철종이 1852년부터 직접 나라를 다스렸으나 허수아비였을 뿐이다. 농사를 짓고 나무를 하며 어렵게 살았던 터라 백성들의 어려움을 누구보다 잘 알았던 철종은 1853년부터 흉년과 기근이 거듭되자 왕실 창고를 열어 백성들을 구휼하는 것밖에는 할 수 있는 것이 전혀 없었다.

안동 김씨는 중앙과 지방의 주요 관직을 돈을 받고 팔았고, 그러다 보니 위에서 아래까지 썩지 않은 곳이 없을 지경이었다. 돈을 받고 수령직을 산 양반들은 전정(토지세와 공물세), 군정(방위세), 환정(환곡) 등 삼정을 운용하면서 온갖 농간을 부려 백성들을 마구 쥐어짰다.

삼정 문란
삼정이란 전정, 군정, 환곡 세 가지를 말하는데, 관리들의 부정부패가 극심해지면서 문란하기 그지없었다.
전정은 땅에 매기는 세금으로, 감사의 생활비, 수령의 출장비, 양반의 족보 발간비, 수령 어미가 타는 가마 수리비 등 44가지에 달하는 각종 부가세를 붙였다. 군정은 군대 가는 대신 바치는 군포로, 계집을 사내로 바꿔 물리거나 뱃속의 아이, 죽은 사람에게까지 물렸다. 환곡은 중앙과 지방의 관아에서 비축한 구휼미를 빌려주는 제도로, 관아 운영비를 충당하기 위해 백성들에게 강제로 빌려주고 이자를 받으면서 양을 늘리려고 쌀을 물에 불리거나 모래를 섞는 등 야료를 부렸다.

전국을 휩쓴 농민 봉기의 불길

세도 정치 60년간 쌓이고 쌓인 백성들의 불만은 1862년 임술년에 경상도 단성현을 비롯해 전국 각지에서 봇물 터지듯 폭발했다. 1862년 2월 경상도 진주에서는 경상 우병사 백낙신과 진주 목사 홍병원의 부패와 횡포에 분노한 백성들이 진주 관아와 우병영을 습격한 뒤, 매일 모여 집회를 열고 아전들과 부호들의 집을 불살랐다. 진주 농민 봉기 소식은 삽시간에 전국 각지로 퍼져 나갔고, 소식을 들은 곳에서는 어김없이 봉기가 일어났다. 봉기가 일어난 곳은 전국 70여 고을에 달했다. 백성들의 봉기에 놀란 조정에서는 삼정이정청을 설치해 세금 제도를 개혁하겠다고 약속했다. 삼정이정청에서는 전정과 군정의 폐단을 뿌리 뽑고, 환곡을 폐지한다는 개혁안을 내놓았다. 하지만 삼정이정청의 개혁안으로 농민 봉기가 수그러들자, 조정에서는 슬그머니 삼정이정청을 없애고 개혁안을 철회했다.

> 임술년, 조선의 절반은 농민 봉기에 휩싸였다.

> 수령들이 보고 하지 않은 것까지 합치면 더 많을걸.

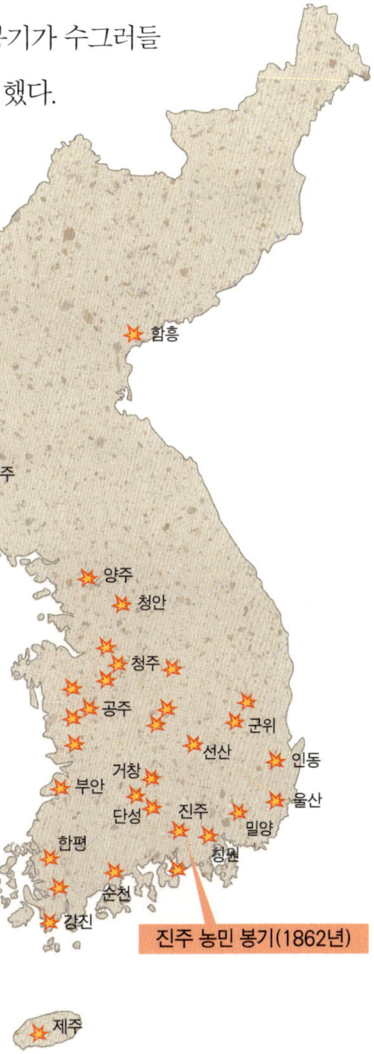

농민 봉기가 일어난 지역

진주 농민 봉기(1862년)

나를 아는 데 필요한 정보 ❼

❶ 나 이형은 1852. 9. 8.~1919. 1. 21.까지 살았고, 1863. 12. 13.~1897. 10. 12.까지 조선의 왕이었다. 1897. 10. 12.~1907. 7. 19.까지는 대한 제국의 황제였다.
❷ 아버지 흥선 대원군 덕에 왕위에 올랐고, 아버지 그늘에서 10년을 보냈다. 아버지가 물러나자 이번에는 왕비가 사사건건 감 놔라 배 놔라 했다.
❸ 일본과 최초의 근대적 조약인 '조일 수호 조규'를 맺고, 나라의 문을 열었다.
❹ 우리 힘으로 근대화를 이루려고 몸부림쳤으나, 힘이 달려 이 땅을 열강의 싸움터로 만들었다.
❺ 나라와 백성을 구하려고 일어난 '동학 농민 운동'을 일본의 도움을 받아 진압했다.
❻ 최초의 근대적 개혁인 '갑오개혁'을 실시하고, 나라 이름을 '대한 제국'으로 바꾸었다.
❼ 일제의 강압에 못 이겨 '을사늑약'을 맺어 '망국의 왕'이라는 오명을 남기고, 끝내 일제에 강제로 쫓겨났다.

열강들 눈치 보다 망했어.

짐은 우유부단해 '망국의 죄인'이 됐어.

26대 고종

조선 왕조의 비극적인 끝을 온몸으로 겪다

내 아버지 흥선 대원군은 철종이 뒤를 이을 아들이 없자, 치밀하게 준비하여 나를 왕위에 앉혔어. 흔해 빠진 종친에서 하루아침에 왕이 된 나는 모든 게 얼떨떨했지. 그래서 아버지가 하는 일을 지켜보며, 무늬만 왕으로 10년을 보냈어. 나는 스물둘이 되자 아버지를 뒤로 물리고 직접 나라를 다스렸어. 그런데 이번에는 왕비가 이래라 저래라 하는 통에 체통이 말이 아니었지. 게다가 때가 어느 때야? 제국주의 열강이 이리 떼처럼 허구한 날 조선을 기웃거렸어. 난 우리도 근대 국가로 발돋움해야 한다고 여겨 고민 끝에 나라의 문을 열었지. 하지만 너무도 큰 꿈이었던가? 내 바람과 달리 오늘은 청나라가 내일은 러시아가 모레는 일본이 조선을 물어뜯어 만신창이가 되었어. 결국 1905년 일제의 압력에 굴복해 '을사늑약'을 맺었고, 1907년에는 황위마저 빼앗겼지. 결국 3년 뒤 500년 넘게 이어 온 아름다운 아침의 나라 조선이 망하는 것을 지켜봐야 했고, '망국의 왕'이라는 오명을 남겼어. 역사의 죄인이 무슨 말을 더 보태….

일제는 1905년 11월 17일, 고종을 협박하고 '을사오적'이라 불리는 대신들을 매수하여 강제로 대한 제국의 외교권을 빼앗은 '한일 협상 조약'을 맺었다. 이 조약으로 대한 제국은 자주독립 국가로서 주권을 행사할 수 없게 되었다. 일제의 강압에 못 이겨 강제로 맺은 굴욕적인 조약이라 '을사늑약'이라고 부른다. 을사늑약을 맺은 역사의 현장인 덕수궁(경운궁) 중명전이다.

열두 살에 왕위에 오르다

철종이 후계자 없이 죽자, 흥선군 이하응은 대왕대비 신정 왕후를 움직여 열두 살짜리 아들을 왕위에 앉혔다. 바로 고종이다. 흥선군은 왕의 아버지인 대원군에 올라 나어린 고종 대신 권력을 쥐고, 왕권을 다지는 일부터 시작했다. 먼저 비변사를 없애 안동 김씨를 몰아내고, 인재를 뽑아 조정이 제대로 돌아가게 했다. 이어 백성의 삶을 안정시키려고 삼정을 바로잡아 나갔다. 세금을 내지 않던 땅을 찾아내 세금을 물리고, 환곡을 '사창제'로 바꾸어 백성이 직접 관리하게 했다. 또 호포제를 실시해 양반도 군역을 지게 하고, 갖은 특혜를 누리며 백성을 괴롭히던 서원을 철폐했다. 백성들은 흥선 대원군의 개혁을 크게 반겼다.

하지만 무리한 경복궁 공사로 백성의 원망이 높아 갔고, 제국주의 열강이 조선으로 몰려들었다. 1866년에는 프랑스가 강화도를 침입해 '병인양요'를, 1871년에는 미국이 통상을 요구하며 '신미양요'를 일으켰으나 모두 물리쳤다. 흥선 대원군은 자신감에 차서 나라의 문을 굳게 잠갔다.

고종은 흥선 대원군을 지켜보며, 왕에게 필요한 학문과 자질을 익혀 나갔다. 경연 대신 네댓 명의 스승을 두고 권강을 자주 열었는데, 시쳇말로 속성 과외였다. 1873년 12월, 왕위에 오른 지 10년이 된 고종은 나랏일을 직접 챙기기 시작했다.

흥선 대원군은 조선 왕조를 상징하던 경복궁을 중건하여 땅에 떨어진 왕실의 존엄을 다시 세우려고 했다. 하지만 1865년 시작한 공사가 5년 가까이 이어지며 나랏돈이 바닥나자 당백전, 원납전 등을 마구 찍어 내고, 온갖 특별세를 거두었다. 흥선 대원군의 개혁은 무리한 공사로 빛이 바랬고, 백성들의 삶은 다시 어려워졌다. 영조 때 그린 것으로 추정하는 〈경복궁도〉이다.

나라의 문을 열다

1876년 1월, 일본이 군함을 몰고 와 나라의 문을 열라고 협박했다. 조정은 나라의 문을 열고 선진 문물을 받아들여 부강한 나라를 만들자는 쪽과 문을 열면 우리의 정신이 무너지니 안 된다는 쪽으로 갈렸다. 고종과 조정은 시대의 흐름을 거스를 수 없다고 여겨 그해 2월, 일본과 '조일 수호 조규'를 맺고 나라의 문을 열었다. 이어 미국, 청나라, 러시아 등 열강과 차례로 조약을 맺었다.

고종은 열강에 맞서려면 개화를 이루어야 한다고 생각해 1881년, 개화 정책을 이끌어 갈 '통리기무아문'을 두었다. 또 일본과 청나라에 청년들을 보내 선진 문물을 배워 오게 하고, 신식 군대인 '별기군'을 설치했다. 개화 정책을 추진하면서 김옥균 등을 중심으로 '개화파'가 성장했다. 하지만 한쪽에서는 "우리의 올바른 정신을 지키고 사악한 신문물을 배척하자."는 '위정척사파'의 목소리도 높아 갔다. 게다가 어느새 왕비 민씨와 친정붙이들이 우유부단한 고종의 성격을 이용해 맘대로 권력을 휘둘렀다. 설상가상으로 나라의 문을 연 뒤 값싼 외국 물건이 물밀 듯이 들어와, 나라 경제도 백성의 삶도 갈수록 어려워졌다.

불평등한 '조일 수호 조규'

최초의 근대적 조약으로 '강화도 조약'이라고도 한다. 모두 12개조인데, 조선은 의무만 있고 일본은 권리만 있는 불평등 조약이었다. 조선이 자주국이라는 1조는 청나라와 관계를 끊으라는 것이고, 세 항구를 개방한다는 4조는 일본이 자유롭게 무역한다는 것이며, 개항장에서 일본인이 죄를 지으면 일본 관리가 심판한다는 10조는 일본인 처벌을 금한다는 것이다.

갓을 쓰고 선글라스를 낀 조선 양반 뒤에 'COREE(한국)'라는 묘비가 꽂혀 있고, 일본과 청나라 군사가 조선을 짓밟고 지나가고 있다. 멀리서 러시아 군은 마치 기회를 엿보듯 지켜보고 있다. 프랑스 화가 조르주 비고가 1890년대에 그린 〈조선을 둘러싼 일, 청, 러〉라는 풍자화로, 열강에 시달리는 당시 조선의 상황을 잘 보여 준다.

동학 농민 운동이 일어나다

열강의 경제 침투와 탐관오리의 수탈에 시달리던 백성들 사이에 평등 사상을 내세운 동학이 빠르게 퍼져 나갔다. 견디다 못한 농민들이 일어섰다. 1894년 전라도 고부에서 시작된 농민 봉기는 '동학 농민 운동'이라는 엄청난 파도가 되어 조선 땅을 휩쓸었다.

1894년 1월 10일 먼동이 틀 무렵, 고부 군수 조병갑의 탐학을 참다 못해 전라도 고부 농민 수백 명이 전봉준을 앞세우고 일어섰다.

전봉준, 손화중 등 동학 지도자들은 사발통문을 띄워 농민군을 모았다. 8000명이 넘는 동학 농민군은 1894년 4월 7일, 황토현에서 관군을 크게 무찔렀다.

갈수록 불어난 동학 농민군은 4월 27일, 전주성을 점령했다. 당황한 조정은 청나라에 지원을 요청했고, 청군이 들어오자 일본도 군대를 보냈다. 조선이 전쟁터가 될 위기에 빠지자 조정은 동학 농민군과 '전주 화약'을 맺고, 이를 바탕으로 '갑오개혁'을 실시하기로 했다.

일본군은 6월 21일, 경복궁을 점령하고 청나라 군을 기습해 '청일 전쟁'을 일으켰다. 고향으로 돌아가 농사를 짓던 농민들은 일본이 나라를 집어삼키려 하자, 다시 일어섰다. 10월 9일, 논산에 모인 동학 농민군 20만은 한양으로 올라가는 길목인 공주로 향했다.

갑오개혁으로 세상이 바뀝니다

하나, 모든 공식 문서에는 한글만 사용한다.
하나, 양반과 상민, 천민의 구별을 없앤다.
하나, 행정과 사법을 분리하고, 전국에 재판소를 둔다.
하나, 과부의 재혼을 허용한다.

....
동민군과 맺은 화약을 토대로 군국기무처에서

일본군과 관군 3000여 명은 공주 우금치 고개 위에 군사를 모아 놓고 동학 농민군을 기다렸다. 11월 9일, 전봉준이 이끄는 동학 농민군은 우금치 고개를 기어올랐다. 하지만 일본군과 관군이 쏘아 대는 포탄에 갈수록 동학 농민군의 시체가 쌓여 갔다. 동학 농민군은 끝내 눈물을 삼키며 후퇴하고 말았다.

새야 새야 녹두새야,
전주 고부 녹두새야.
....
녹두꽃이 떨어지면,
청포 장수 울고 간다.

동학 농민군은 뿔뿔이 흩어졌고, 지도부는 뒷날을 기약하며 헤어졌다. 하지만 전봉준과 손화중은 붙잡혀 1895년 3월, 처형당했다. 우리 역사상 가장 크게 타오른 동학 농민 운동이 막을 내렸다.

조선, 역사 속으로 사라지다

청일 전쟁에서 승리한 일제는 조선을 손에 넣은 듯 희희낙락했다. 러시아가 독일 등을 끌어들여 일제를 위협했다. 고종과 민비가 러시아의 힘을 빌려 일제를 몰아내려고 하자, 일제는 1895년 민비를 시해하는 만행을 저질렀다(을미사변). 생명의 위협을 느낀 고종은 이듬해 러시아 공사관으로 거처를 옮겼다(아관파천). 나라의 위신은 땅에 떨어졌고, 고종은 왕위와 나라를 지키려고 철도 부설권, 광산 채굴권, 산림권, 어업권 같은 나라의 이권을 열강에 나눠 주었다.

개화파인 서재필이 중심이 된 '독립 협회'는 고종에게 궁궐로 돌아오라고 요구했다. 1897년 경운궁으로 돌아온 고종은 그해 10월, 나라 이름을 '대한 제국'으로 바꾸고, 황제 즉위식을 치렀다. 500년 넘게 이어 온 조선이라는 이름은 역사 속으로 사라졌고, 우리나라는 일본, 중국, 러시아와 어깨를 나란히 겨루는 황제의 나라가 되었다. 하지만 고종이 아무리 몸부림쳐도 조선을 둘러싼

오늘은 이 나라, 내일은 저 나라 눈치 보느라 얼마나 힘들었을까?

왕비 민씨를 시해한 일제는 친일 내각을 앞세워 상투를 자르는 '단발령'을 실시했다. 고종은 일제의 협박에 못 이겨 맨 먼저 상투를 잘랐다. 황제의 공식 복장인 독일식 정복을 입고, 공식 칼인 '이화문 보검'을 든 대한 제국 고종 황제의 모습이다. 1907년 황제에서 쫓겨난 고종은 태황제가 되어 덕수궁에서 지내다 1919년 1월, 굴곡진 삶을 마감했다.

●일제의 국권 피탈과 우리의 자주독립 노력●

일제의 국권 피탈	1875. 9. 운요호 사건을 일으키다. 1876. 2. 무력 시위를 벌여 강화도 조약을 맺게 하다.		1894. 7. 청일 전쟁을 일으키다. 1895. 10. 왕비 민씨를 시해하다.
	1870	1880	1890
자주독립 노력	1876. 2. 강화도 조약으로 나라의 문을 열다.	1881. 4. 일본에 조사 시찰단을 보내다. 1881. 9. 청나라에 영선사를 보내다. 1882. 6. 구식 군인들이 임오군란을 일으키다. 1884. 12. 김옥균이 이끄는 개화파가 갑신정변을 일으키다.	1894. 1. 동학 농민 운동이 일어나다. 1894. 7. 갑오개혁을 실시하다. 1895. 11. 을미 의병이 일어나다. 1896. 7. 서재필 등이 독립 협회를 만들다. 1897. 10. 국호를 대한 제국으로 바꾸다.

상황은 바뀌지 않았다.

1905년 러일 전쟁에서 승리한 일제는 고종에게 "외교권을 일본에 넘기고, 통감부를 두어 한국을 관리한다."는 내용이 담긴 조약문을 내밀었다. 고종은 "멸망을 뜻하는 조약에 서명하느니 죽음을 택하겠다."며 거부했지만, 일제는 힘으로 '을사늑약'을 밀어붙였다. 고종은 을사늑약이 무효이고, 대한 제국이 자주독립 국가임을 알리려고 갖은 애를 썼으나 뜻을 이루지 못했다. 1907년 일제는 강제로 고종을 황위에서 끌어내리고 순종을 세웠다.

우리 역사에서 가장 격동의 시대를 산 고종. 고종은 조선 왕조를 지키지도, 자주적인 근대 국가도 이루지 못한 채 '망국의 왕'이라는 오명을 남겼다. 하지만 자주독립 국가를 향한 고종의 마지막 노력만은 기억해야 하지 않을까?

헤이그 특사 사건

고종은 1907년 7월, 헤이그 만국 평화 회의에 이상설, 이준, 이위종을 특사로 보내 을사늑약이 무효임을 알리려고 했다. 하지만 일제의 방해로 참석하지 못했다. 이위종은 국제 협회에서 '한국을 위한 호소'라는 연설을 했는데, 참석한 기자들이 크게 감동하여 대한 제국 지지 결의안을 만장일치로 통과시켰다. 일제는 헤이그 특사 사건을 빌미로 고종을 폐위하고, 한국 군대를 해산시켰다.

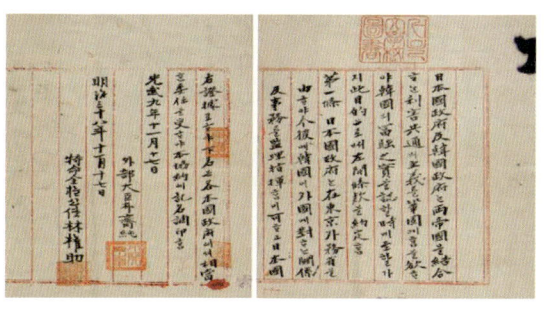

을사늑약은 무효이다!

일제는 1905년 11월 17일, 일본군을 덕수궁 주변에 배치한 뒤, '을사오적'인 박제순, 이완용, 이근택, 이지용, 권중현을 앞세워 강제로 조약을 맺었다. 조약문에는 "일본 정부는 한국이 다른 나라와 맺은 조약의 실행을 완수하고, 한국 정부는 일본 정부의 중재 없이 국제적 성질을 가진 조약이나 약속을 하지 않는다."는 내용이 들어 있다. 대한 제국의 외교권을 빼앗아 보호국으로 삼겠다는 뜻이었다. 하지만 사진 오른쪽 맨 앞을 보면 제목도 없고, 왼쪽 끝을 보면 고종의 비준 서명도 없어서, 당연히 조약은 성립될 수 없었다.

이 날을 목 놓아 통곡하노라!!!

1904. 2. 러일 전쟁을 일으키다.
1905. 11. 을사늑약을 강제로 맺다.
1907. 7. 고종을 퇴위시키다.
1907. 8. 한국 군대를 해산시키다.

1910. 8. 한일 병합 조약을 맺어 한국을 식민지화하다.

1900 | **1910**

1906. 4. 을사 의병이 거국적으로 일어나다.
1907. 7. 헤이그에 특사를 보내다.
1907. 11. 13도 창의군이 경기도 양주에 집결하다.
1909. 9. 홍범도가 만주에서 독립군을 조직하다.

1910. 9. 황현, 김가진, 박병하 등 수많은 사람들이 자결하다.

격동의 시대를 함께한 사람들

고종이 재위하던 시절은 우리 역사에서 가장 격동의 시대였다. 나라의 문을 열고 세계사의 일원이 되어 근대화를 이루고 자주독립 국가의 길을 가느냐, 제국주의 열강에 먹히느냐, 큰 갈림길에 놓여 있었다. 그 갈림길에서 역사의 격랑을 온몸으로 맞은 사람들은 자신이 처한 상황과 신념, 가치관에 따라 다른 길을 택했다.

명성 황후(1851~1895)
특징 : 고종과 권력을 나눈 야심가
별명 : 내가 조선의 국모이다
업적 : 고종의 왕비로 재주가 남다르고 예의범절이 밝아 칭찬을 받았다. 시아버지인 흥선 대원군과 권력 다툼을 벌였고, 고종이 친정한 뒤로는 때로는 고종과 함께, 때로는 고종을 제치고 나랏일을 직접 챙겼다. 친정인 민씨 일가의 부정부패는 1882년에 일어난 임오군란의 빌미가 되었다. 외교 문제에 있어서는 제국주의 열강이 고종보다 민비를 더 관심 있게 지켜볼 만큼 힘을 발휘했다. 1895년 러시아를 끌어들여 일제를 누르려고 했다. 위기를 느낀 일제는 깡패를 동원해 민비를 잔인하게 시해하는 '을미사변'을 일으켰다. 고종이 황제에 올라 민비도 명성 황후라 불렀다.

최익현(1833~1906)
특징 : 위정척사로 조선을 지키려 한 선비, 의병장
별명 : 도끼를 맨 선비
업적 : 1873년에 흥선 대원군의 서원 철폐를 비판하는 상소를 올려 흥선 대원군이 물러나고 고종이 친정하는 데 큰 역할을 했다. 1876년, 경복궁 앞에 무릎 꿇고 앉아 도끼를 앞에 두고 목숨을 걸고 강화도 조약을 반대하다 귀양살이를 했다. 1895년 단발령에 맞서 여러 차례 상소를 올리는 등 개화 정책에 반대하는 '위정척사 운동'을 이끌었다. 1906년에 전라북도 태인에서 을사늑약에 반대하는 의병을 일으켰다 붙잡혀, 쓰시마 섬 감옥에서 세상을 떠났다.

흥선 대원군(1820~1898)
특징 : 살아서 대원군이 된 야심가
별명 : 상갓집 개
업적 : 1863년 철종이 죽자, 대왕대비 조씨와 손잡고 둘째 아들인 이형을 고종으로 세워 조선 역사상 최초로 살아 있는 대원군이 되었다. 어린 고종을 대신해 권력을 잡은 뒤 안동 김씨 세도 정치를 무너뜨렸다. 당파에 관계없이 인재를 고르게 등용하고, 붕당 정치의 온상이 된 서원을 정리했다. 임술 농민 항쟁의 원인이 된 삼정을 개혁하여 백성들의 지지를 받았다. 하지만 무너진 왕실의 권위를 세우려고 무리하게 경복궁 중건 공사를 벌여 백성들의 원성을 샀다. 세계사의 흐름을 읽지 못한 '쇄국 정책'으로 조선을 더 큰 어려움에 빠트렸고, 1873년에 고종이 직접 나라를 다스리자 권력에서 밀려났다.

우리 힘으로 근대화를 이루었다면, 우리 역사가 달라졌을까?

김옥균(1851~1894)
특징 : 갑신정변을 이끈 개화파의 우두머리
별명 : 위로부터의 혁명을 꿈꾼 풍운아
업적 : 공부도 잘하고 문학, 미술, 음악 등 예술적 재능도 많았다. 안동 김씨 세도가 김병기의 양자로 들어가 1870년경부터 박영효, 홍영식, 서광범 등과 함께 박규수 밑에서 개화 사상을 배웠다. 1872년 과거에 장원 급제해 호조 참판 등을 지내며 조정의 개화 정책을 이끌었다. 임오군란 이후 청나라의 간섭으로 개화 정책이 중단되자, 1884년 급진 개화파를 이끌고 '갑신정변'을 일으켰다. 민씨 척족 중심의 수구파를 제거하고 문벌 폐지, 인민 평등 같은 근대적인 개혁을 실시하려 했으나, 청나라 군의 개입으로 실패했다. 일본으로 망명해 다시 뜻을 펼 기회를 노렸으나, 1894년에 중국 상하이에서 홍종우에게 암살당했다.

신돌석(1878~1908)
특징 : 일본군의 혼을 빼 놓은 평민 의병장
별명 : 태백산 호랑이
업적 : 단발령에 맞서 1896년에 경상북도 영덕에서 의병을 일으킨 뒤, 을사늑약에 맞서 1906년 다시 의병을 일으켜 태백산맥을 따라 경상북도와 강원도 일대에서 활약했다. 지역 주민의 도움을 받으며 치고 빠지는 유격 전술로 일본군을 무찔러 '태백산 호랑이'라는 별명을 얻었다. 1907년에 13도 창의군이 벌인 서울 진공 작전에 참여했지만, 평민 의병장이라는 이유로 따돌림 당했다. 그 뒤 영덕을 중심으로 항일 의병 활동을 계속하다 옛 부하에게 죽임을 당했다.

전봉준(1855~1895)
특징 : 동학 농민 운동 지도자
별명 : 녹두 장군
업적 : 어려서부터 몸집이 작아 녹두라 불렸다. 서당에서 아이들을 가르치다 1890년경부터 동학을 믿었다. 1894년 고부 군수 조병갑의 탐학을 견디다 못해 농민들을 이끌고 고부에서 일어섰다. 조정이 봉기를 탄압하자 무장에서 동학교도와 농민들을 이끌고 봉기해 동학 농민 운동을 일으켰다. 황토현과 황룡촌에서 관군을 물리친 뒤 전주성을 점령하고, 조정과 전주 화약을 맺었다. 농민 자치 기구인 집강소를 설치해 신분제 폐지, 토지 분배 등 여러 개혁을 실시했다. 동학 농민 운동을 진압하려고 들어온 일본군이 경복궁을 점령하고 청일 전쟁을 일으키자, '척왜양'을 부르짖으며 다시 봉기했다. 농민군을 이끌고 우금치에서 일본군에 맞섰으나 크게 패했다. 옛 부하의 밀고로 붙잡혀 처형당했다.

이완용(1858~1926)
특징 : 나라를 팔아먹은 친일파의 대명사
별명 : 매국노
업적 : 1882년 과거에 급제하고, 최초의 근대 교육 기관인 육영 공원에서 영어와 신학문을 배웠다. 주미 대리공사, 학부 대신, 외부 대신 등의 벼슬을 지냈고, 독립 협회에도 관여했다. 1905년 학부 대신으로 있으면서 일제가 강제로 을사늑약을 맺을 때 앞장선 '을사오적(이완용, 박제순, 이지용, 이근택, 권중현)' 가운데 한 명이다. 1907년에는 헤이그 특사 사건을 구실로 고종을 물러나게 했고, 1909년 이재명에게 칼을 맞았다. 1910년 '한일 병합 조약'을 맺어 우리나라를 일제에 넘겨주었다. 그 공으로 백작 작위를 받고, 중추원 의장 등을 지내며 적극적인 친일 활동을 했다.

나를 아는 데 필요한 정보 ❼

① 나 이척은 1874. 2. 8.~1926. 4. 25.까지 살았고 1907. 7. 19.~1910. 8. 29.까지 황제였다.
② 나는 독서광으로, 다른 가문의 족보를 달달 외울 정도로 기억력이 뛰어났다.
③ 심한 근시였지만 아버지 앞에서는 예의를 차리느라 안경을 쓰지 않았다.
④ 궁궐을 처음으로 일반 백성에게 개방했다.
⑤ 518년 조선 왕조의 문을 닫고 일본의 지배하에 들어갔다.
⑥ 일제 치하에서 창덕궁 이왕으로 16년 동안 살았다.
⑦ 대한 제국 2대 황제이자 조선 27대 마지막 왕이라고도 했다.

내 뜻과 달리 나라를 문 닫아야 했어.

27대 순종

나라의 문을 닫다

아버지 고종과 어머니 명성 황후 사이에서 태어난 나는 세자를 거쳐 황태자에 책봉되었어. 이름을 대한 제국으로 고치면 뭐해? 갈수록 나라의 힘은 약해지고 있었는데…. 우리나라를 차지하기 위해 각축을 벌이던 청나라와 일본, 러시아 사이에서 최후의 승자는 일본으로 결정이 났어. 1905년에 우리의 외교권을 빼앗은 일본은 1907년 헤이그에 특사를 파견한 것을 빌미로 아버지를 내쫓고 나를 아무 권한이 없는 황위에 앉혔어. 일본은 친일파를 앞세워 일제와의 합병 조약을 착착 진행했어. 군대를 해산시키고 사법권도 빼앗았지. 동양 척식 주식회사를 만들어 토지를 빼앗을 길도 열었어. 황태자로 책봉된 이복동생 영친왕은 유학을 구실로 일본에 끌려갔어. 일본은 1910년 8월 29일, 한일 병합 조약을 강제로 맺었어. 이로써 518년 역사의 조선이 망했어. 나라가 망한 뒤에는 창덕궁에서 조선의 이왕으로 숨죽이며 살았어. 나라의 문을 닫은 왕, 그 오명을 벗어날 수가 없네.

낙선재는 이씨 왕가가 최근까지 살았던 건물로, 창덕궁 안에 있다. 헌종이 1846년에 세웠으며 본래는 국상을 당한 왕후들이 소복을 입고 은거하던 곳이었다. 1884년 갑신정변 이후 고종은 낙선재를 집무실로 정하고 대신들과 외국 공사들을 접견하였다. 그 후 영친왕 이은이 1963년 귀국해서 낙선재에 살았으며, 영친왕 비 이방자 여사가 1989년까지 살았다. 보물 제1764호이다.

대한 제국, 일제에게 나라를 빼앗기다

1907년 헤이그 특사 사건으로 고종이 물러나고 대한 제국 2대 황제 순종이 즉위했다. 순종이 다스린 3년 40일 동안 일본은 조선을 강제로 병합하는 일에 몰두했고, 1910년 8월 29일 순종은 일본에 통치권을 넘기는 조약에 서명했다.

일본 왕은 조서를 내려 대한 제국의 전 황제를 창덕궁 이왕으로, 전 태황제를 덕수궁 이태왕으로, 황태자를 왕세자로 삼았다. 이 땅에는 조선 총독부가 설치되어 암흑의 일제 강점기 36년이 시작되었다.

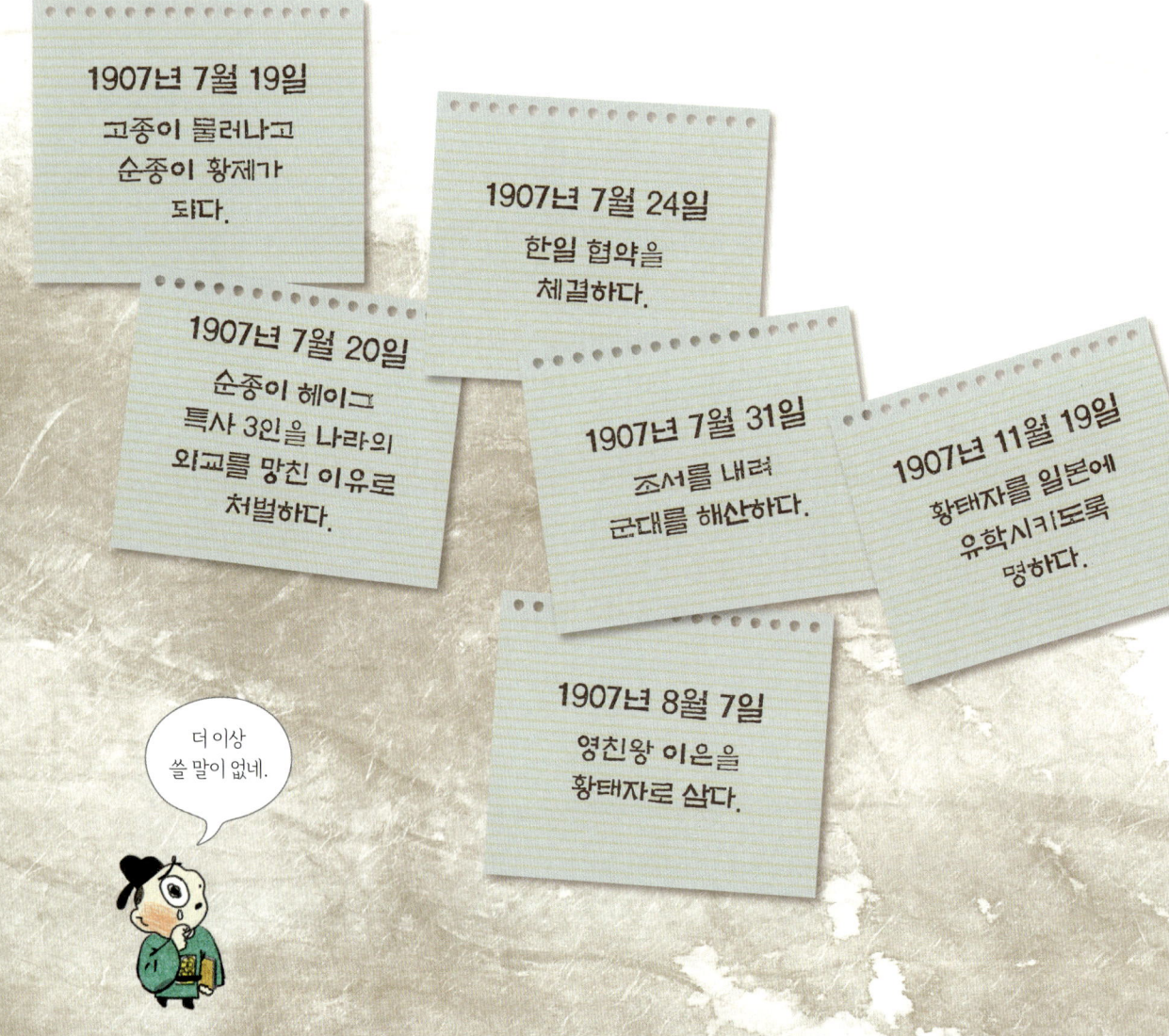

1907년 7월 19일
고종이 물러나고 순종이 황제가 되다.

1907년 7월 24일
한일 협약을 체결하다.

1907년 7월 20일
순종이 헤이그 특사 3인을 나라의 외교를 망친 이유로 처벌하다.

1907년 7월 31일
조서를 내려 군대를 해산하다.

1907년 11월 19일
황태자를 일본에 유학시키도록 명하다.

1907년 8월 7일
영친왕 이은을 황태자로 삼다.

더 이상 쓸 말이 없네.

나라를 되찾으려는 백성들의 움직임은 계속되었다

망해 가는 나라를 보며 백성들은 울분을 참지 못했다. 백성들은 나라를 살려 보려고 두 팔을 걷고 나섰다. 국민을 일깨워 나라의 힘을 기르자는 운동이 여러 분야에서 활발히 펼쳐졌다.

"힘센 자가 약한 자를 잡아먹는 시대이다. 학교를 세우고, 공장을 짓고, 국민을 일깨워 실력을 길러야 한다." 다른 목소리도 나왔다.

"나라가 일본에 점령당한 마당에 어느 세월에 실력을 기르느냐. 총칼을 들고 일본군을 내쫓아야 한다." 나라 곳곳에서 나라의 권리를 되찾으려는 백성들의 움직임은 계속되었다.

1908년 8월 26일
동양 척식 주식회사 법을 비준하다.

1909년 7월 12일
사법과 감옥에 관한 사무를 일본 정부에 위탁하는 약정서를 작성하고 조인하다.

1910년 8월 22일
총리대신 이완용을 전권 위원으로 임명하여 한일 병합 조약을 체결하다.

1910년 6월 24일
경찰 사무를 위탁하는 한일 약정서를 체결하다.

1910년 8월 29일
일본 왕에게 통치권을 양도하다.

찾아보기

ㄱ

갑술환국 131
갑신정변 174, 177, 179
갑오개혁 168, 172~174
갑자사화 80, 81
강홍립 111
강화 회담 104, 105
강화도 조약 171, 174, 176
개화 171, 176, 177
개화파 171, 174, 177
거중기 153
격쟁 150
겸판서 67, 70
경국대전 56, 57, 61, 68, 69, 72, 73, 126, 144
경복궁 17, 23, 25, 58, 84, 158, 170, 173, 176, 177
경신대기근 127
경신환국 130
경연 60, 68, 71, 79, 84, 96, 99, 170
경종 97, 131, 135~137, 139~141
계유정난 55, 59, 62
고려 16~22, 24, 26, 32, 34~36, 46, 74

고려사 21, 51
고려사절요 46, 51
고종 23, 25, 142, 163, 169~171, 173~177, 179, 180
공납 109
공노비 73, 143, 158
공물 45, 109, 117, 143, 166
공민왕 18~20
공법 42
과전법 21, 61
관찰사 35, 36
광해군 35, 98, 103, 105, 107~115
국조보감 61
군역 35, 102, 109, 142, 170
군정 166, 167
권문세족 17, 19, 21, 25
규장각 146~149, 155, 157
균역법 138, 142, 143
균역사목 143
금난전권 150, 154
금표 81
기묘사화 86, 87

기사계첩 136
기사환국 130
기축옥사 101
기해박해 162, 163
김옥균 171, 174, 177
김일경 137
김조순 157, 159
김종서 45, 46, 54, 55, 58

ㄴ

나선 정벌 123
낙선재 179
난전 150
남곤 86
남이의 옥사 67
남인 101, 109, 125~131, 139, 148, 149, 154, 155, 158, 163
남한산성 113, 116
노론 134, 136, 137, 139~141, 147~149, 154, 155, 158, 163
노비변정도감 28
농사직설 38, 41

ㄷ

단발령 174, 176, 177
단종 46~48, 52~55, 57~60, 62, 80, 133
대동법 107, 109, 117, 118, 123, 124, 132
대리청정 136, 137, 140, 148, 159
대북파 108, 109, 111
대한 제국 168, 169, 174, 175, 178~180

도첩제 92
독립 협회 174, 177
동국문헌비고 144
동국신속삼강행실도 109
동국여지도 144
동국여지승람 74
동국지도 61
동국통감 61, 74
동문선 74
동양 척식 주식 회사 179
동의보감 107, 109
동인 97, 100~102
동학 농민 운동 168, 172~174, 177
동호문답 99

ㄹ

러일 전쟁 175

ㅁ

명나라 20, 24, 45, 47, 58, 59, 97, 102~108, 110, 111, 113~115, 117, 121, 122, 133
명성 황후 176, 179
명종 91~95, 98, 100
목호룡 고변 사건 137
무예도보통지 151
무오사화 79, 80
문정 왕후 87, 88, 91~95
문종 49~51, 53, 54, 57, 58
문종화차 48, 50, 51
민비 174, 176

ㅂ

박연 47
백두산정계비 128, 132, 133
별기군 171
병인박해 163
병인양요 170
병자호란 112, 113, 115, 117, 147
봉림 대군 117, 120, 121
북벌 118, 119, 122, 123
북학 155
분경 27, 28, 67, 70
불랑기 119, 122
붕당 86, 96, 100~102, 105, 109, 125, 129, 131, 133, 135, 137~141, 149, 153, 176
비변사 159, 170

ㅅ

사간원 68, 71
4군 45
사대교린 22
사도 세자 138, 146~149, 152, 154, 155
사림 68, 69, 71, 74, 75, 77, 80, 83, 85~87, 89, 96, 97, 99~101, 122
사병 18, 25, 31, 34
4불가론 20
사헌부 35, 68, 70, 71, 100
삼군부 26, 34
삼급수 고변 사건 137
삼사 68, 71, 80, 85
삼전도 113, 116
삼정 164, 166, 167, 170, 176
상평통보 117, 128, 132
서연 66, 121
서인 97, 100~102, 106, 109, 111, 114, 121, 124~131
서학 158, 163
선양관 120
선조 96~108, 112, 114
선혜청 109
성균관 19, 88, 89, 126, 141
성리학 17, 19, 24, 25, 71, 83, 85, 99, 133
성종 69~80, 84
성학십도 99
세도 정치 157, 159, 162~165, 167, 176
세조 35, 53~55, 57~63, 65~67, 69, 70, 72, 74, 75, 77, 80, 133
세종 29~31, 37, 39~54, 58, 60, 129, 135, 146, 147
소격서 85
소격전 28
소론 134, 136, 137, 139~141, 149
소학 66, 85, 99
소현 세자 117, 118, 120, 121, 125
속대전 144
송시열 122, 123, 126, 130, 136
쇄국 정책 176
수렴청정 54, 58, 70, 71, 90~92, 156, 158, 162, 165, 166
수양 대군 46, 47, 52~55, 58, 59
수원 화성 146, 147, 152~155

숙종 29, 45, 52, 55, 129~134, 136~138, 140
순문 142, 145
순원 왕후 162, 165, 166
순조 153, 154, 156~163, 165
순종 175, 178~181
시전 23, 24, 150
신덕 왕후 25, 31, 33
신돌석 177
신문고 31, 35, 138, 144
신미양요 170
신숙주 47, 53, 54, 56, 63, 66
신유박해 154, 155, 158, 162, 163
신진 사대부 16, 17, 19~21, 24
신해박해 163
실학 121, 133, 144, 146, 147, 149, 155, 163
심환지 154

ㅇ

아관파천 174
악학궤범 74
안동 김씨 156, 157, 159, 160~166, 170, 176, 177
양녕 대군 37, 40
어염선세 143
어영청 115, 122
여지도서 144
여진 24, 45, 46, 78, 82, 102
역성 혁명 16, 24
연산군 76~81, 83, 84, 107, 144
영안군 28

연잉군 134, 136, 137
열하일기 155
영조 23, 115, 128, 129, 132, 138~145, 147~149, 154~157, 170
영창 대군 105, 106, 108, 111
예송 125, 130, 131
예종 63~67, 69, 70, 72
왕자의 난 29, 30, 33, 34, 133
요동 정벌 20, 24, 25
용비어천가 29
원나라 18, 19, 20, 24, 25, 47
원상 63, 66, 70, 71, 99
위정척사 171, 176
위화도 회군 16, 20, 24, 32
위훈 삭제 86
6조 31, 34, 42, 56, 57, 60, 63, 67
6조 직계제 31, 34
6진 45, 46, 93
을미사변 174, 176
을사늑약 168, 169, 175~177
을사오적 169, 175, 177
의병 104, 105, 174~177
이괄 115
이방원 17, 22, 24, 25, 28~30, 32, 33
이색 19, 21
이성계 16~22, 24, 25, 32, 61
이시애의 난 61, 62, 66
이완용 175, 177, 181
이이 95, 97, 99, 100, 101
이조 전랑 100, 141

이지란 24
이황 97, 99, 100
인목 대비 111, 114
인왕제색도 151
인조 35, 112~119, 121, 125, 129, 130
인조반정 111, 115
인종 87~92
일월오봉도 158
일제 강점기 132, 180
임꺽정 90, 91, 94, 95, 133
임술 농민 항쟁 176
임오군란 174, 176, 177
임진왜란 96, 97, 102~111, 114, 117, 119, 132, 145, 147

ㅈ

자격루 38, 39, 43, 47
작서의 변 87
장영실 43, 47, 49
장용영 149, 151, 154, 158
전봉준 172, 173, 177
전정 166, 167
전주 화약 172
정도전 19, 21~23, 25, 27, 28, 32, 33
정리자 151
정몽주 19, 21, 22, 24, 25, 32, 33
정묘호란 112, 115, 117
정순 왕후 156, 158, 159, 163
정약용 148, 153, 155, 158
정여립 모반 사건 101

정유재란 105
정인지 43, 46, 47
정조 32, 49, 128, 132, 146~155, 157~159, 163, 166
정종 22, 25~29, 33, 34, 133
제국주의 169, 170, 176
조광조 82, 83, 85~87, 89
조사 시찰단 174
조선 중화주의 122
조선 총독부 180
조의제문 80
조인영 161, 162
조일 수호 조규 168, 171
조준 19, 21, 22, 25, 32
주화파 115, 116
중종 69, 82~87, 89~92, 98
중종반정 77
직전법 61
진주 농민 봉기 167
진휼소 127
집현전 40, 48, 50, 54, 59, 60, 68, 71

ㅊ

척사윤음 160, 162, 163
척화파 116
천리경 121
천주교 121, 155, 156, 158, 160~163
천주실의 121
철종 164~167, 169, 170, 176
청나라 113, 115~124, 127, 132, 133, 151,

155, 169, 171~174, 177, 179
청일 전쟁 173, 174, 177
채제공 148, 154
초계문신 148, 155, 157
최영 18~20, 24
최익현 176
측우기 39, 47, 49
친명배금 112, 115
친명파 20
친원파 20
칠정산 38, 41

ㅌ

탕평책 138~141, 149
태조 16~29, 31, 33, 34, 40, 46, 61, 70, 97, 129
태종 17, 25, 29, 30~37, 40~42, 61, 77, 144
통리기무아문 171

ㅍ

풍양 조씨 156, 159, 160~163, 166

ㅎ

한명회 56, 58, 59, 63, 66, 69, 70
한양 16, 22, 23, 25, 31, 34, 41, 45, 103~105, 115, 116, 127, 129, 133, 145, 152, 153, 159, 173
한일 병합 조약 175, 177, 179, 181
허준 107, 109
헤이그 특사 174, 175, 177, 180

현량과 85, 87, 89
호패 31, 35, 61
호포제 170
홍건적 16~18, 24
홍경래의 난 159
홍국영 154
홍문관 68, 69, 71, 84, 100, 125
환곡 127, 166, 167, 170
황산 대첩 19, 24
황표정사 54
황희 46
회강반차도 66
효명 세자 157, 159, 161~163
효종 117~123, 125, 126
후금 106, 107, 110, 111, 113~116
훈구 69~71, 74, 75, 77, 80, 82~87, 98~100
훈련도감 105, 122
흥선 대원군 163, 168~170, 176

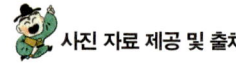
사진 자료 제공 및 출처

이 책의 사진들은 해당 문화재를 소장하고 있는 곳과 저작권자의 허락을 얻어 실었습니다. 자료의 출처를 찾기 위해 최선을 다했으나, 혹 잘못된 내용이 있다면 연락 주십시오. 다음 쇄를 찍을 때 꼭 수정하겠습니다.

고려대학교 박물관 45 야연사준도, 93 명묘조서총대시예도, 125 송이영의 천문 시계
국립고궁박물관 17 전어도, 139 연잉군 초상화, 158 일월오봉도
국립중앙도서관 143 균역사목, 170 경복궁도
국립중앙박물관 19 안향, 이제현, 이색, 정몽주 초상화, 32 오륜행실도, 35 호패, 36 평안감사향연도, 45 숭조천객귀국시장도, 조선통신사행렬도, 85 소학, 97 난죽도, 99 성학십도, 115 호병도, 130 송시열 초상화, 132 상평통보, 149 규장각도, 151 정리자, 153 거중기
국립진주박물관 119 불랑기
규장각 한국학연구원 41 칠정산내편, 칠정산외편, 66~67 회강반차도, 74 동국통감, 동국여지승람, 동문선, 91 각선도본, 102 경상도읍지, 130~131 경종세자책봉도감의궤, 145 준천시사열무도, 148 초계문신제명록, 151 무예도보통지, 152 화성성역의궤, 153 정조국장도감의궤, 163 척사윤음
대구 동산병원박물관 132 백두산정계비
대한민국 역사박물관 175 을사늑약
봉화 정씨 대종회 19 정도전 초상화
삼성박물관 리움 23 한양도성도, 151 인왕제색도
서강대학교 로욜라도서관 39 훈민정음언해본
서울대학교 도서관 74 악학궤범
소방역사박물관 135 수총기
숭실대학교 기독교박물관 121 천리경, 지구의
카톨릭대학교 전례박물관 121 천주실의
한국학중앙연구원 72 경국대전, 136 김창집 초상화, 157 김조순 초상화

그 외 셔터스톡, 위키미디어, 문화재청, 김종성, 송이현 등의 도움을 받았습니다.